生活技能 310

開始在緬甸自助旅行

作者◎詹依潔　攝影◎詹依庭

太雅

「遊緬甸鐵則」

☑ **行程不緊湊，適當留彈性**

理由：緬甸氣候炎熱，移動又多以夜間巴士為主，易對身體造成負擔，最好避免過於緊湊的行程，以免導致疲憊與不適。此外當地時有誤點、塞車狀況，最好預留彈性時間，以免錯過重要行程或交通。特別是前往仰光機場搭機時，一定要提早出發！

☑ **服裝要得體，隆基與拖鞋最方便**

理由：參觀緬甸寺院與佛塔時，務必要脫鞋、脫襪，赤足進入，並避免穿著短褲、短裙或暴露肩膀的服裝，若有戴帽子也得取下。如果不知道如何穿著，不妨入境隨俗，和當地人一起穿上隆基與拖鞋。

☑ **寺廟男女有別，小心別闖禁地**

理由：緬甸部分寺廟設有女性限制區，例如大金石以及曼德勒的瑪哈穆尼佛寺，就禁止女性觸碰佛像與貼金箔，參觀時請留心。同時也請尊重佛像，不要以不雅姿勢與之合影。女性若需拿物品給僧侶，需由他人傳遞或放置身側由僧侶自行拿取，不可與僧侶有直接肢體接觸。

☑ **左駕右駕看清楚**

理由：緬甸依法為左駕右行，但由於接收大量日本二手車，當地遂有了左駕、右駕車並行的獨特狀況。在乘車、下車與過馬路時，記得看清駕駛位置，確認左右都沒來車後再行動。

☑ **拍照前先詢問**

理由：對攝影愛好者而言，緬甸無疑是個相當迷人的人文攝影目的地，但基於尊重，在拍攝路人與僧侶前，最好先徵求同意，也請避免打擾正在禱告或上課的僧侶。

☑ 路邊的水別亂喝

理由：緬甸街頭常能見到免費加水站，但基於衛生考量，最好不要直接飲用；喝路邊攤果汁時也盡量不要加冰塊，以免誤喝污染水源。若口渴，到超市買瓶裝水最安全。

☑ 買寶石要當心

理由：緬甸的玉石、珠寶相當出名，但劣質品與假貨也很多，除非自身有所研究，否則不建議購買高價產品。如有購買，記得要索取購買證明以供海關查驗。

☑ 不要主動談政治

理由：在緬甸談論政治已不會有直接危險，但許多當地人對此仍有所忌諱。除非對方主動提及，否則最好不要談論相關話題，也不要妄加評論。

☑ 隨身帶著薄外套

理由：緬甸日夜溫差大，夜間巴士的冷氣又十分寒冷，因此無論在哪個季節前往，最好都在隨身包包裡塞進一件外套。

☑ 一定要帶上嶄新美元

理由：緬甸銀行與換匯所對美金狀態要求嚴苛，且當地信用卡服務不算發達，出發時記得攜帶足量且無任何污損摺痕的美金新鈔，才能確保可以順利換匯。

☑ 談好價格再上車

理由：當地的嘟嘟車、計程車、包車等交通方式多靠喊價，不跳錶也沒有公定價格。建議談好目的地、停靠景點與價格後再上車，以免後續產生糾紛。

☑ 不摸頭，不用腳向人

理由：緬甸人認為頭是身體最神聖的部位，即便是小孩也不能隨意觸碰；拿東西給人的時候要用右手或雙手奉上；用腳指向任何人、事、物被視為相當不禮貌的行為，請避免。若不小心用腳碰到別人，記得道歉。

☑ 讓旅館櫃檯當你的旅行幫手

理由：除了旅遊訊息諮詢，緬甸旅館大多還提供行程與車票預訂、腳踏車與機車租賃等服務，有需要者可善加利用。外出時最好隨身帶上旅館電話，若遇緊急事件、語言不通或迷路等狀況，便可即時向旅館求助。

☑ 把Mingalaba掛嘴邊

理由：Mingalaba是旅行緬甸最常聽到的單字，意為「你好」。在與人接觸、參觀景點、進入商店時不妨先點頭說聲Mingalaba，通常友善的緬甸人都會笑著回應。

☑ 隨時關注最新資訊

理由：緬甸正處於飛速發展的階段，不管是硬體建設或是軟性的規章、政策都時有變更，出發前建議利用書上提供的Data與推薦網站確認最新訊息。

行前Q&A

Q1 緬甸的治安好嗎,一個人旅行安全嗎?

緬甸的治安基本上不錯,只要稍微留心混亂的交通、避免冒犯宗教禁忌、包車前談好價格,即便是獨身女性也可以安心前往緬甸旅遊。

然而在緬甸邊境地區,政府與少數民族或叛軍間的武裝衝突仍時有所聞,若非必要,最好盡量避免前往旅遊管制區。更多安全相關訊息可參考本書應變篇,或上外交部領事事務局網站查詢。http www.boca.gov.tw(選擇「旅外安全」→「國外旅遊警示分級表」)

Q2 什麼季節去緬甸玩最好?

緬甸大致分作(Thingyan)三季,11～2月是涼爽的乾季,旅行起來最舒服。3～6月的熱季只要做好面對高溫的準備,也還算能玩得愉快,4月中旬的潑水節(Thingyan)更是當地最熱鬧的節日。7～10月是潮濕的雨季,屆時除了下雨,還可能面臨路面泥濘、淹水的問題,最不推薦。

Q3 緬甸的環境如何?會不會很落後?

不可否認,緬甸的基礎建設與衛生狀況仍屬發展階段,多數地區並不如台灣方便與舒適,不過這也是緬甸的魅力所在。只要能忍受些微不便,緬甸將帶給你不同於旅遊大國的獨特感受。惟為了自身健康著想,建議出發前備妥常備藥品、堅持飲用瓶裝水,並盡量避免食用路邊攤的食物。

Q4 緬甸的觀光業似乎發展不久,自助方便嗎?

緬甸觀光業雖起步不久,但幾個主要城市與觀光區皆已發展有足夠的旅遊配套,其中也不乏舒適且規畫良好的高級旅館與VIP巴士。便宜的包車、租車服務亦足以彌補大眾運輸不便的問題。若擔心鄉下地區或是計程車、嘟嘟車司機英文不通,可請旅館預先寫下緬文地址,或是善用線上翻譯軟體、出示圖片等方式解決。

只要預先做好準備,自助緬甸不算困難,若真的遇上問題就大膽求助吧,當地人通常都很樂意幫忙。

Q5 安排緬甸行程時有什麼需要注意的?

緬甸幅員遼闊,城市間路況不佳,若安排乘坐夜車,隔日早上最好預留休息時間,避免身體負擔過重。當地天氣炎熱,若時間允許,中午可返回旅館休息或安排用餐,以免需赤腳踩踏曬得滾燙的寺院地板,也降低中暑發生的機率。計畫前往鄉村或邊境區域者,務必於事前確認當地狀況,若需許可證則必須提早申請。

Q6 去緬甸旅行,住宿、車票要事先預定嗎?

當地品質佳、費用低的住宿與夜車座位數量有限,旺季(11～2月)或4月中旬潑水節期間建議提前預訂,特別是往返重要觀光區的VIP夜間巴士經常售罄,請至少提前一天購買。

開始在緬甸自助旅行

作　　者	詹依潔
攝　　影	詹依庭
總 編 輯	張芳玲
發想企劃	taiya旅遊研究室
企劃編輯	翁湘惟、林孟儒
主責編輯	翁湘惟
封面設計	何仙玲
美術設計	何仙玲
地圖繪製	何仙玲

太雅出版社

TEL：(02)2882-0755　FAX：(02)2882-1500

E-mail：taiya@morningstar.com.tw

郵政信箱：台北市郵政53-1291號信箱

太雅網址：http://taiya.morningstar.com.tw

購書網址：http://www.morningstar.com.tw

讀者專線：(04)2359-5819 分機230

出 版 者	太雅出版有限公司
	台北市11167劍潭路13號2樓
	行政院新聞局局版台業字第五○○四號
總 經 銷	知己圖書股份有限公司
	台北：台北市106辛亥路一段30號9樓
	TEL：(02)2367-2044／2367-2047 FAX：(02)2363-5741
	台中：台中市407工業30路1號
	TEL：(04)2359-5819 FAX：(04)2359-5493
	E-mail：service@morningstar.com.tw
網路書店	http://www.morningstar.com.tw
郵政劃撥	15060393
戶　　名	知己圖書股份有限公司
法律顧問	陳思成律師
印　　刷	上好印刷股份有限公司
	TEL：(04)2315-0280
裝　　訂	大和精緻製訂股份有限公司
	TEL：(04)2311-0221
初　　版	西元2018年09月10日
Ｉ Ｓ Ｂ Ｎ	978-986-336-261-6
定　　價	320元

國家圖書館出版品預行編目資料

開始在緬甸自助旅行 / 詹依潔作. -- 初版. --
臺北市：太雅, 2018.09
　　面；　公分. -- (So easy ; 310)
ISBN 978-986-336-261-6(平裝)
1.自助旅行 2.緬甸
　738.19　　　　　　　　　　107010415

(本書如有破損或缺頁，請寄回本公司發行部更換，或撥讀者服務專線04-23595819)

編輯室提醒

出發前，請記得利用書上提供的Data再一次確認

每一個城市都是有生命的，會隨著時間不斷成長，「改變」於是成為不可避免的常態，雖然本書的作者與編輯已經盡力，讓書中呈現最新最完整的資訊，但是，我們仍要提醒本書的讀者，必要的時候，請多利用書中的電話，再次確認相關訊息。

資訊不代表對服務品質的背書

本書作者所提供的飯店、餐廳、商店等等資訊，是作者個人經歷或採訪獲得的資訊，本書作者盡力介紹有特色與價值的旅遊資訊，但是過去有讀者因為店家或機構服務 態度不佳，而產生對作者的誤解。敝社申明，「服務」是一種「人為」，作者無法為所有服務生或任何機構的職員背書他們的品行，甚或是費用與服務內容也會隨時間調動，所以，因時因地因人，可能會與作者的體會不同，這也是旅行的特質。

新版與舊版

太雅旅遊書中銷售穩定的書籍，會不斷再版，並利用再版時做修訂工作。通常修訂時，還會新增餐廳、店家，重新製作專題，所以舊版的經典之作，可能會縮小版面，或是僅以情報簡短附錄。不論我們作何改變，一定考量讀者的利益。

票價震盪現象

越受歡迎的觀光城市，參觀門票和交通票券的價格，越容易調漲，但是調幅不大(例如倫敦)，若出現跟書中的價格有微小差距，請以平常心接受。

謝謝眾多讀者的來信

過去太雅旅遊書，透過非常多讀者的來信，得知更多的資訊，甚至幫忙修訂，非常感謝你們幫忙的熱心與愛好旅遊的熱情。歡迎讀者將你所知道的變動後訊息，善用我們提供的「線上讀者情報上傳表單」或是直接寫信來taiya@morningstar.com.tw，讓華文旅遊者在世界成為彼此的幫助。

太雅旅行作家俱樂部

緬甸是個太過特別的國度，將近50年的軍政府統治讓它從亞洲富國一夕淪為東南亞最貧困的國家之一，人們對它的印象似乎也總脫不了翁山蘇姬纖細而堅毅的身影，又或者是寶石市場中溫潤閃耀的玉石與珠寶。為了避免間接資助軍政府，前往緬甸旅遊甚至一度成為自助旅行界的禁忌。

幸運的，我們正好趕上了改革開放的年代。近10年間，這個黃金國度終於對大眾掀起了神祕面紗，千塔之城蒲甘晨霧中的絕美日出、仰光繽紛的殖民建築、曼德勒烏本橋的生活風情、茵萊湖全球唯一的單腳划船船夫、昔卜與格勞的鄉野健行、西南部潔淨湛藍的原始海灘、僧侶滿街飄逸的紅色袈裟……緬甸以其豐富的人文遺跡、未經汙染的自然風景驚豔了世人。而純樸真誠，抹著唐納卡、穿著隆基的緬甸人民，更是每位曾到訪緬甸的旅行者難以忘懷的，最美的風景。

感謝太雅出版社的邀約，讓我得以紀錄與分享這個美好國度的一切。也感謝撰寫本書過程中受到的所有幫助，包含超有耐心的編輯湘惟、提供各式訊息的Phyo、「探索緬甸」社團以及贊助波巴山照片的蘇大神。當然，還有一直支持我的親愛的家人和旅途中遇見的所有善意。因為你們，才有了這本書。

於我而言，緬甸的驚喜太多，似乎永遠也發掘不盡。僅透過本書匯聚緬甸自助需要的各項訊息，並盡力涵括旅程中的觀察與多元玩法，希望大家的行程都能因而更加順利而有趣，也願各位都能在旅途中發現獨屬於你們的精彩緬甸。最後容我囉唆一句：從漫長封閉中甦醒的緬甸正以飛快的速度蛻變著，要去趁早！

詹依潔

關於作者　詹依潔

台大社工／中文系畢，倫敦政治經濟學院(LSE)媒體碩士，畢業後曾於旅行社擔任董事長特助，後離職成為專職旅遊指南作者。自大學第一次前往希臘後便迷上自助，目前足跡遍及世界50餘國。

因喜愛緬甸的時代感、純樸與多元風貌，便深入數十個大城小鎮探訪緬甸歷史文化、體驗當地生活，並在回國後於部落格《俏鬍子旅行團》分享緬甸旅遊訊息，因而受到線上旅遊直播節目《旅行思維》、News98電台《走吧！去旅行》和暨南大學國際事務處邀約分享緬甸旅程。曾出版遊記《在歐洲吃午餐、去亞洲吃晚餐：兩個女孩的世界奇幻冒險》、旅遊指南《四川和重慶》與《東北》三本著作，期待能透過本書將緬甸這個迷人國度介紹給更多讀者。

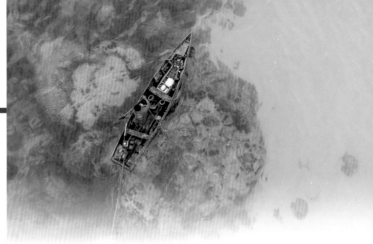

目　錄

12

認識緬甸

24

行前準備

46

機場篇

60

交通篇

78

住宿篇

90

飲食篇

如何使用本書

本書是針對旅行緬甸而設計的實用旅遊導覽書。設身處地為讀者著想可能會面對的問題，將旅人會需要知道與注意的事情通盤整理。專治旅行疑難雜症：辦護照、購買機票、出入境手續、行李打包、搭乘交通工具、行程安排、打國際電話、選擇住宿、APP的使用，本書全都錄。提供實用資訊：必買必吃、玩樂景點、交通工具比較分析表，讓相關連絡資料與查詢管道不再眼花撩亂。

▲**Step by Step圖文解說**
不管是出入境、跨國提款、搭乘巴士及公車等方式，都有文字及圖片搭配，步驟化說明，按部就班不出錯。

◀**貼心小提醒**
作者的重要叮嚀、玩樂提示與行程叮嚀，叮囑你記得旅程中的細節。

▶**行家祕技**
內行人才知道的各種撇步及玩樂攻略等資訊。

▶**豆知識**
延伸閱讀，在旅途中可以增加趣味性的小常識。

◀緬甸必嘗美食

推薦來到緬甸必嘗的道地美食，在地人最喜愛、特色料理如何食用，以及最划算超值的美食都報給你知。

圖例

📍	地標	🍴	餐廳
📷	景點	⚓	碼頭
🛍	購物	🚇	地鐵

◀緬甸分區導覽

本書介紹仰光、曼德勒、蒲甘、茵萊湖及其周邊景點，導覽最精采的景點，並搭配詳細地圖，過程中充滿樂趣又玩得安心。

▶緬甸旅遊TOP10目的地

提供來到緬甸一定要造訪的10個精采目的地，倘若時間足夠，一定要盡情領略緬甸的人文風情。

資訊符號解說

✉	地址	http	網址
☎	電話	📋	重要資訊
💲	費用	MAP	地圖
➡	交通方式		

認識緬甸
About Myanmar

緬甸，是個什麼樣的國家？

2010年，緬甸迎來了改革開放，也迎來了旅遊業的飛速發展。軍政府、翁山蘇姬與玉石，這些關於緬甸的舊形象正逐漸走入歷史。若想一探這個有著友善人民、親民物價和獨特人文風景的國度，不妨先從建立基本知識開始吧！

緬甸速覽

對緬甸有初步的認識，旅遊過程中更有趣順利！

★ 緬甸小檔案 **01**

地理 | 中南部為農業精華區

緬甸位於中南半島西部，西北接印度與孟加拉，東面毗鄰中國、寮國和泰國，西南為安達曼海和孟加拉灣。其境內三面環山，西部有若開山脈，北部有喜馬拉雅山，東部有撣邦高原，其中北面的開加博峰(Hkakabo Razi)是東南亞最高峰。伊洛瓦底江於中南部沖積出的廣大平原是當地主要農業區，人口最為集中。

 豆知識

Burma還是Myanmar？

近代緬甸共有2個英文國名，英國殖民至獨立時期為Burma，1989年軍政府改稱Myanmar。在正式場合，國名的選用一度被視作政治立場的表達，歐巴馬總統2012年到訪緬甸時，就曾因地制宜，面對總統登盛時稱Myanmar，和翁山蘇姬會面時改稱Burma。而今隨著改革開放，用Myanmar稱呼緬甸已逐漸成為共識，鮮少再被視作支持軍政府的象徵。

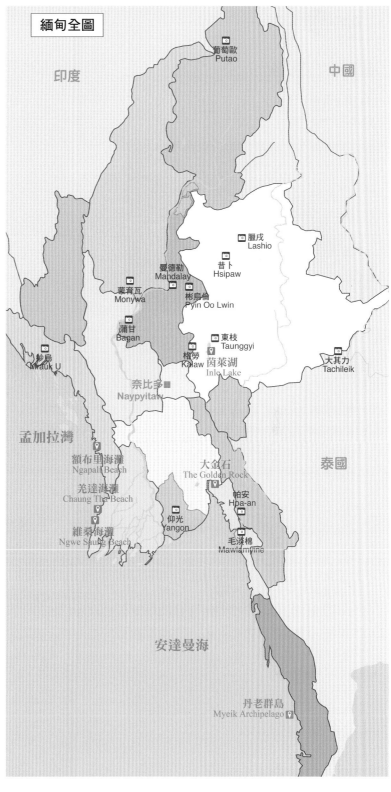

緬甸全圖

印度

中國

葡萄歐
Putao

臘戌
Lashio

曼德勒
Mandalay

昔卜
Hsipaw

蒙育瓦
Monywa

彬烏倫
Pyin Oo Lwin

蒲甘
Bagan

東枝
Taunggyi

妙烏
Mrauk U

格勞
Kalaw

茵萊湖
Inle Lake

大其力
Tachileik

奈比多
Naypyitaw

孟加拉灣

額布里海灘
Ngapali Beach

大金石
The Golden Rock

泰國

羌達海灘
Chaung Tha Beach

帕安
Hpa-an

維桑海灘
Ngwe Saung Beach

仰光
Yangon

毛淡棉
Mawlamyine

安達曼海

丹老群島
Myeik Archipelago

緬甸基本情報

正式國名：緬甸聯邦共和國The Republic of the Union of Myanmar

面積：676,578平方公里(約18.7個台灣大)

首都：奈比多

人口：約5千5百萬人

政體：半民主選舉制

宗教：篤信佛教

語言：緬甸語

貨幣：緬元(Kyat)

★ 緬甸小檔案 02

歷史 | 命運多舛的國度

▲蒲甘王朝留下的佛塔群是緬甸最珍貴的文化資產之一

豆知識
近代緬甸政治名人

1.翁山將軍(General Aung San)

帶領緬甸脫離英國獨立的軍事領袖，1947年遭暗殺身亡，被緬甸人民尊為國父。

2.翁山蘇姬(Aung San Suu Kyi)

緬甸著名政治家，全國民主聯盟創辦人，曾獲諾貝爾和平獎。因領導和平抗爭而在1989～2010年間遭軍政府軟禁數次，獲釋後於2016年，出任緬甸國務資政和外交部部長。

3.奈溫將軍(General Ne Win)

緬甸軍政府領導人與獨裁者，於1962年發動政變，實施緬甸式社會主義，導致近代緬甸長達近50年的封閉。

4.登盛(Thein Sein)

原軍政府總理，後成為緬甸聯邦共和國首任總統。他在任內發動系列改革，將緬甸推上現代化與民主化的道路。

緬甸歷史年表

西元前	自西元前3世紀始，來自周邊地區的孟族、驃族、若開族和緬族，紛紛在緬甸成立獨立王國。
前殖民時代 (849～1826年)	前殖民時代，緬甸一共經歷三個大一統王朝，包括1044年阿奴律陀(King Anawrahta)建立的蒲甘王朝、16世紀莽應龍(Bayinnaung)建立的東吁王朝，和18世紀雍籍牙(Alaungpaya)建立的貢榜王朝。此時佛教成為緬甸國教，留下眾多佛塔群。
殖民時代 (1885～1948年)	三次英緬戰爭後，貢榜王朝滅亡，緬甸成為英屬印度的一個行省。二戰期間，緬甸先是在日本支持下宣布獨立，後轉投同盟國陣營，最終因協助對抗在緬日軍有功，從英國手中取得獨立承諾。
獨立緬甸 (1948～1962年)	1948年緬甸獨立，實行多黨民主議會制。然而在共產黨、叛軍、中國國民黨介入下，新政府陷入內亂，直到1960年大選才重歸穩定。泰緬邊境的國民黨勢力則退守泰國，成為泰北孤軍。
軍政府時期 (1962～2010年)	1962年奈溫將軍(General Ne Win)發動政變，成立軍政府，宣布緬甸為社會主義國家。政治的腐敗與經濟的蕭條，最終在1988年引發大規模的抗議與鎮壓，翁山蘇姬成為人民的精神領袖，並於次年遭到軟禁。
緬甸聯邦共和國 (2010年至今)	2010年「緬甸聯邦共和國」成立，實施20年來第一次普選，隔年登盛被推舉為總統，開啟系列改革，包括釋放政治犯、減少國家審查、經濟自由化等。 2015年，翁山蘇姬領導的全國民主聯盟(NLD)，在選舉中取得議會過半席次與總統位置，緬甸民主化進入新篇章，然而邊境的民族與宗教問題卻仍是國家隱憂。

認識緬甸

▲翁山將軍於二戰期間帶領緬甸人民走向獨立,卻不幸在32歲被刺身亡

▲翁山蘇姬被緬甸人民尊稱為The Lady

★ 緬甸小檔案 03

國旗 | 團結、和平與勇敢

2010年啟用新國旗,最新樣式為黃綠紅三線搭配中央一顆巨大的白色五角星。其中黃色象徵團

▲2010年啟用的「緬甸聯邦共和國」國旗

結,綠色代表和平、安寧及青蔥翠綠的國家,紅色象徵勇敢與決心,白色五角星則代表聯邦永存。

★ 緬甸小檔案 04

政體 | 半民主選舉制

目前採獨特的半民主選舉制:除了民選的上、下議院代表外,另設25％軍政府保留席。三個小組各有資格推舉一名總統候選人,經議會投票後,勝者為總統,其餘二人為副總統。

★ 緬甸小檔案 05

宗教 | 篤信佛教

自11世紀開始,小乘佛教便是緬甸的主要宗教,佛教徒約佔總人口89％,僧侶達50餘萬人,他們恪守五戒,相信透過修行能達到涅槃。每位緬甸男性一生中必須出家至少一次,這對緬甸人而言是和結婚同等重要的大事!一

▲多數緬甸男性會在6～15歲間第一次出家

般信眾也會在日常生活中定時供養僧人、捐贈善款並朝拜佛塔以積德。

在緬甸旅遊,你將會參觀無數廟宇與佛塔,也會有許多機會與熱情僧侶互動,但在盡情感受虔誠佛國氛圍的同時,也要記得小心別誤犯禁忌。

🫘 豆知識

信仰伊斯蘭教的羅興亞人

來自孟加拉且信仰伊斯蘭教的羅興亞人或許是緬甸最受爭議的群體。19世紀,英國殖民政府為擴展勞力並培養親英勢力,鼓勵大量孟加拉移民遷入緬甸若開邦(Rakhine),並在二戰期間組織V支隊對抗日軍。英國人撤離後,部分羅興亞武裝隊伍轉而驅趕、屠殺當地若開族,成立穆斯林解放組織,試圖從緬甸獨立。

這些舊日紛爭最終導致新政府和羅興亞人的敵對,除了拒絕承認國籍,緬甸當局亦對羅興亞人展開多次清剿行動。隨著衝突加劇,羅興亞難民近來也成為國際間相當關注的議題。

★ 緬甸小檔案 06

民族 | 緬族為主

緬甸是典型的多民族國家，境內共有135個不同的種族。其中緬族約佔69%，撣族8.5%，是當地兩大族群。旅行者經常前往的茵萊湖地區，則是茵達族世居地。

▶ 緬甸少數民族眾多，圖為勃歐族(Pa-O)嚮導

🔵 豆知識

沒有姓氏的民族

緬甸人有名無姓，其名字大多對應星相或承襲家族名稱，並經常在前面綴上敬語。例如翁山蘇姬的名字就是由父親「翁山」、祖母「蘇」和母親「金姬」組合而成。緬甸聯邦共和國首任總統吳登盛的名字則包含本名「登盛」和對男性長輩的敬稱「U」。

★ 緬甸小檔案 07

氣候 | 分作三季，終年常熱

除了少數高山地區屬亞熱帶氣候，其餘皆為熱帶氣候，大約能分作三季。

11～2月：乾爽的涼季，仰光以南約30℃左右，其餘地區約15～25℃，是緬甸的旅遊旺季。

3～6月：炎熱的熱季，部分地區氣溫高達40℃以上。

7～10月：潮溼的雨季，氣溫約在30～35℃。

若在7～8月前往，很可能終日泡在雨中，是緬甸旅遊淡季。

緬甸天氣這裡查

Google氣象
直接在搜尋框輸入「城市＋氣象」，資訊來源為The Weather Channel
🔗 www.weather.com
AccuWeather
🔗 www.accuweather.com/zh/mm/myanmar-weather

★ 緬甸小檔案 08

節慶 | 環繞佛教而生

緬甸節慶分為法定節日和民間節日兩種，其中民間節日大多與佛教有關，並依循傳統曆法而定，公曆時間並不固定。想知道各年分的確切日期，可至go-Myanmar網站查詢。

🔗 www.go-myanmar.com/myanmar-festival-calendar

仰光月均溫與緬甸重要節慶

月分	氣溫(℃)	平均雨量(毫米)	重要節慶
1月	18～32	5	1月4日：獨立節 1～3月：各地寺廟不定期舉辦佛塔節
2月	19～35	2	2月12日：聯邦節
3月	22～36	7	3月2日：農民節 3月27日：建軍節
4月	24～37	15	4月中上旬：潑水節 4～5月：浴榕節
5月	25～33	303	5月1日：工人節
6月	25～30	547	
7月	24～30	559	7月19日：烈士節
8月	24～30	602	
9月	24～30	368	
10月	24～32	206	10月上旬：敬老節 10月中下旬：點燈節 10月下旬：光明節
11月	22～32	60	
12月	19～32	7	12月1日：民族節

(製表／詹依潔)

認識緬甸

★ 緬甸小檔案 09

語言 ｜ 緬甸語，英文為主要外語

官方語言為緬甸語，英文為主要外語，在曼德勒等華僑集中的城市，中文也很盛行。

▲當地無論是文字還是數字皆以緬文標示

受到英國殖民統治與軍政府短暫中止英語教育雙重影響，當地年長者與年輕人的英語能力普遍較中年一代高出許多。

▶圓圈狀的緬甸文是緬甸官方語言

★ 緬甸小檔案 10

經濟 ｜ 農業為主

緬甸自古以農立國，1940年代曾是亞洲富國之一，但隨後軍政府統治引發國際制裁，造成經濟停滯，直到2010年改革開放才又復甦。目前當地仍有6成以上勞力從事農業，不過隨著外資與觀光客湧入，製造業和觀光業的GDP佔比正飛速成長中。

▲農業至今仍是緬甸相當重要的經濟來源

★ 緬甸小檔案 11

時差 ｜ 比台灣慢1.5小時

緬甸時間比台灣慢1.5小時，台灣09:00等於緬甸07:30。

★ 緬甸小檔案 12

電壓 ｜ 230V

緬甸電壓為230V，適用於多數3C產品的通用電壓器，非3C類則需特別注意容許值。標準插座

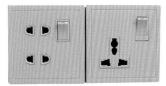

▲緬甸的插座一般不需轉接頭即可直接使用

為2孔或3孔圓針型，但餐廳和旅館皆提供qp型插座。村鎮地區供電不穩，最好不要同時使用太多電器。

★ 緬甸小檔案 13

貨幣 ｜ 使用緬元，匯率約45：1

緬甸官方貨幣為緬元(Kyat或MMK)，一般以K標示，紙幣面額包括20、50、100、200、500、1,000、5,000和10,000等。除緬元外，觀光區的旅館與商家、景區售票處和長途巴士公司，通常也很樂意接受美元。

▲各面額的緬元鈔票

★ 緬甸小檔案 14

航程 | 直飛約4.5小時

　　台北直飛仰光約需4.5小時，轉機1次則約需5～8小時(不含轉機等待時間)。由於航班選擇眾多，出發前最好多加比較。

★ 緬甸小檔案 15

營業時間 | 各機構通常準時下班

　　緬甸政府機關與銀行下班時間極為準時，若錯過只能隔日再來。觀光區的商店和餐廳營業時間則較為彈性。

政府機關與郵局：週一～五09:30～16:30

銀行：週一～五09:00～16:00

一般商店：週一～六09:30～18:00或更晚

餐廳：08:00～21:00或22:00

▲仰光市中心有一些24小時營業的小超商

★ 緬甸小檔案 16

治安 | 大致良好

　　緬甸還算安全，篤信佛教的當地人個性溫格、樂於助人，除了少數哄抬價格的掮客與司機外，偷搶拐騙的情形很少。不過若開邦、克欽邦、撣邦及庫倫邦等地的邊境仍有叛軍與毒品問題，政府與羅興亞人的衝突也尚未解決，若非必要最好避免前往。

★ 緬甸小檔案 17

禁忌 | 尊重當地信仰與忌諱

1. 進入佛教場所一律得脫鞋裸足，禁止穿著短褲、短裙與無袖。
2. 頭被當地人視作神聖的部位，不要隨便碰小孩或成人的頭部。
3. 當地以右手為尊，避免用左手拿東西給人；給僧侶物品必須雙手奉上。
4. 女性不要隨意觸碰出家人，特敏不要掛在高過人頭的地方。
5. 不要隨意觸碰佛像，或以不敬的姿勢和佛像合影。
6. 避免主動和當地人談論政治或隨意批評。

▲進入緬甸寺廟必須脫鞋

▲緬甸天氣炎熱，進出寺院又得脫光鞋襪，夾腳拖在當地很受歡迎

★ 緬甸小檔案 **18**

傳統服飾 | 隆基、特敏與唐納卡

緬甸至今仍保有眾多傳統文化，在街頭常能看見身著筒裙狀傳統服飾、臉抹唐納卡(Tanaka)，腳踏夾腳拖鞋的民眾。其中男生穿的筒裙名為「隆基」(Longyi)，結扎在中間，通常為素色或格文圖樣；女生穿的叫「特敏」(Tamane)，結藏在側邊，色彩鮮豔繽紛，花色多元。

▲隆基／特敏搭配夾腳拖是緬甸傳統穿著

唐納卡(Tanaka)又稱木香粉，是將唐納卡樹皮放置石板上加水研磨出的淺黃色粉末。緬甸人相信它是天然防曬聖品，經常將其抹在兩頰、鼻頭與額頭上。

▲女性特敏挑選花色後通常需要交由店家裁縫

▲翁山市場內的隆基攤位

隆基穿著方式Step by Step

▲將裙頭置中拉平　　▲左側裙頭先往內摺

▲右側裙頭接著往內摺　▲兩端裙頭於中央扭轉打結後向內反折　▲完成

特敏穿著方式Step by Step

▲將裙頭貼緊腰側　　▲另一側裙頭折向中間

▲將裙頭拉出小角，塞入裙內扭緊　▲完成

★ 緬甸小檔案 **19**

書籍與電影 | 歷史相關作品眾多

1. 《緬甸的豎琴》
   (The Burmese Harp)(1985年)
   市川崑導演。藉由一位善於彈奏豎琴的上等兵，帶出二戰末期駐紮緬甸的日本軍隊的故事。

2. 《以愛之名：翁山蘇姬》
   (The Lady)(2011年)
   盧貝松導演。電影描述翁山蘇姬返回緬甸和平對抗軍政府，一直到她獲得諾貝爾和平獎的經歷。

3. 《再見瓦城》
   (2016年)
   趙德胤導演。一對偷渡至泰國的緬甸男女間悲傷的愛情故事。導演的《歸來的人》(2011年)則講述一位長期在台北打工的緬甸青年，如何在回歸故鄉後找尋新的機會與生活。

4. 《緬甸歲月》(1934年)、《動物農莊》
   (1945年)、《一九八四》(1949年)
   喬治歐威爾著。被譽為緬甸悲劇歷史的寓言三部曲，其中《緬甸歲月》對英國殖民時期的緬甸多有描述。

5. 《在緬甸遇見喬治歐威爾》
   (2012年)
   愛瑪 拉金著。美國記者到緬甸追尋喬治歐威爾足跡的紀實旅遊文學，將緬甸現況與喬治歐威爾文本中的狀況做了大量對比。

6. 《變臉的緬甸：一個由血、夢想和黃金構成的國度》
   (2016年)
   理查‧考科特著。《經濟學人》東南亞通訊員對緬甸的觀察，在政治與歷史脈絡中細數緬甸的過去與未來。

▲《緬甸歲月》

▲《一九八四》

▲《在緬甸遇見喬治歐威爾》

▲《動物農莊》

▲《變臉的緬甸：一個由血、夢想和黃金構成的國度》

緬甸文 指指點點

認識緬甸篇

緬甸語由蒲甘王朝阿律耶陀(Anawrahta)國王建立，屬拼音語言，共有33個輔音、26個元音、4個聲調，以仰光口音為標準。為了避免劃破當時用以書寫的棕櫚葉，緬甸文字大多呈圓形。

緬甸語不算好學，但最好能記下基本數字，以利於辨認標價、地址與公車號碼；而幾句簡單的問候語，則能讓你快速的拉近和當地人的距離。

線上學緬甸語

www.loecsen.com

၀ · သုည 0／thoN ŋya	၁ · တစ် 1／di'	၂ · နှစ် 2／ni'
၃ · သုံး 3／thoun	၄ · လေး 4／léi	၅ · ငါး 5／Na
၆ · ခြောက် 6／chauk	၇ · ခုနစ် 7／kouN nhit'	၈ · ရှစ် 8／chit
၉ · ကိုး 9／ko	၁၀ · တစ်ဆယ် 10／thit sai	၁၀၀ · တစ်ရာ 100／thit ya

၁၀၀၀ · တစ်ထောင် 1000／thit towng	မင်္ဂလာပါ 你好／ming-guh-la-ba
နေကောင်းလား 你好嗎？／nay-gaung-la	ကောင်းပါတယ် 我很好／gaung-ba-de
ကျေးဇူးပြု၍ 請／kye-ju-pru-rwe	ကျေးဇူးတင်ပါတယ် 謝謝／jay-zu-ding-ba-de
ကိစ္စမရှိပါဘူး 不客氣／kicca-ma-hri-pabhu	တောင်းပန် 對不起／taun-ban
ဟုတ်ကဲ့ 是／hoh'-kei'	မဟုတ်ဘူး 不是／ma-ho-b
နားမလည်ပါဘူး 我不懂／na-muh-le-boo	ထွာထာ 再見／ta-ta

行前準備
Preparation

出發前，要預做哪些準備？

得益於電子簽證的開放與直航航班的開通，自助前往緬甸的難度已大
幅降低。然而若想順利完成旅程，簽證、機票、匯兌的準備仍不可少，
而妥當的行程規畫與合宜的行李，也能讓假期更顯輕鬆愜意。

證件申辦

出國前須先將護照和簽證等證件申辦完成。

前往緬甸旅行，最重要的是準備效期內的護照與簽證。

護照

尚未持有護照，或是護照效期少於 6 個月的國人，可至外交部領事事務局和各辦事處申辦，不克前往者，也可委託他人或旅行社代辦。倘若尚未申請過自動通關服務，可持護照在外交部領事事務局 1 樓，或各大機場出境大廳辦理。

申請必備文件

詳細規定與普通護照申請書，可在外交部領事事務局網站查詢與下載。

貼心 小提醒

記得備份證件

護照等證件為旅行和出入國門的憑證，最好適當備份以備不時之需，建議備份內容包括：❶護照個人資料頁❷簽證❸2吋個人大頭照❹其餘重要證件。

網路：掃瞄所有重要資料與證件，寄一份至電子信箱與雲端硬碟。萬一旅途中不慎遺失行李與證件，還能上網列印影本供相關單位參考。

手機：除了將檔案上傳網路，也可透過手機拍照留存。

影印：最好在行李箱和隨身行李內，分別放置證件影本和大頭照數張，遇緊急狀況可隨時取用。

1.普通護照申請書1份。

2.身分證正本及正、反面影本各1份。

3.6個月內拍攝之2吋白底彩色照片2張。

4.申換護照者若有未逾期護照則需一併繳交。

▲新式晶片護照

護照這裡辦

外交部領事事務局(台北)

網址：www.boca.gov.tw

地址：台北市濟南路一段2之2號3～5樓

電話：(02)2343-2807、(02)2343-2808

時間：週一～五8:30～17:00，週三延長至20:00(可預先透過網站預約)

工作天：4個工作天

費用：新台幣1,300元，急件加收300～900元

台北以外地區
中部辦事處

地址：台中市黎明路二段503號1樓

電話：(04)2251-0799

雲嘉南辦事處

地址：嘉義市吳鳳北路184號2樓之1

電話：(05)225-1567

南部辦事處

地址：高雄市成功一路436號2樓

電話：(07)211-0605

東部辦事處

地址：花蓮市中山路371號6樓

電話：(03)833-1041

(以上資料時有異動，出發前請再次確認)

簽證

台灣人前往緬甸須辦理簽證，目前開放的種類有單次觀光簽證、單次與多次商務簽證和探親簽證。其中電子簽證可由個人自行登錄網站申辦，實體簽證則需委由旅行社代辦，或親自前往鄰國領事館辦理。

電子簽證(eVisa)

電子簽證是目前取得緬甸簽證最便利的方式，只要在出發前透過緬甸移民署網站辦理並列印即可，適用口岸包括仰光國際機場、曼德勒國際機場、奈比多國際機場、大其力 (Tachileik) 陸路口岸、妙瓦底 (Myawaddy) 陸路口岸、高當 (Kawthaung) 陸路口岸。

辦理電子簽約需 3 個工作天，核發後有效期限 90 天，可單次入境緬甸並停留 28 天。

■申請必備文件

1.6個月以上有效護照。

2.3個月內拍攝之4.8公分 x 3.8公分彩色大頭照電子檔。

3.觀光簽美金50元、商務簽美金70元。

申請電子簽證Step by Step

 Step **前往緬甸移民署網頁**

緬甸移民署網頁

http www.evisa.moip.gov.mm

 Step **點選Apply申請**

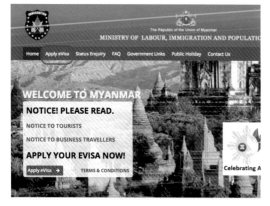

Notice - Christmas Holiday

▲點選Apply

 Step **同意相關條款**

e. Applicant shall not be allowed to travel to the restricted area without seeking prior permission.

f. It is important to notice that the Approval letter is not a confirmed Visa letter.

g. The Approval letter is valid up to 90 days from the date of issue.

h. In unfortunate case of if your application is rejected, no reason will be provided or can be requested.

i. Processing time is up to (3) working days excluding Saturdays, Sundays and Public Holidays.

[I Agree] [I Don't Agree]

▲同意相關條款

Step **選擇eVisa類別**

e Park - Yangon

New Application

If you have an ongoing application, please use.   ○ I've an Ongoing Application

Visa Type	簽證種類	TYPE]
Nationality	國籍	SELECT VISA
Port of Entry	[SELECT PORT OF ENTRY]	入境口岸
Security Verification		

安全驗證碼   *MSi bG1*

○ Continue

Step 5　填寫基本資料並上傳照片

記得確保資料與護照一致，其中「永久地址」英譯可透過中華郵政全球資訊網(www.post.gov.tw)查詢、「緬甸住宿名稱與地址」可填寫第一晚的旅館，「旅行社資訊」若是自助旅行則無須填寫。

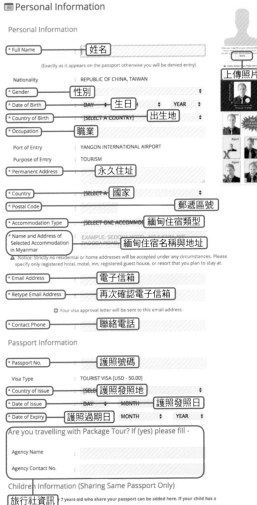

Step 6　確認資訊後選擇付款方式並付款

確認資訊無誤後選擇付款方式，付款完成後，5～10分鐘內會收到付款確認信。

Step 7　列印電子簽證

若資訊無誤，3個工作天內會收到電子簽證，將pdf檔案列印出來並隨身攜帶。

Step 8　入境

抵達入境口岸後，於海關出示護照與電子簽證便可順利入境。

▋實體簽證

目前緬甸對台灣開放的實體簽證包括有單次觀光簽(3個月內可停留28天)、單次商務簽(3個月內可停留70天)和多次商務簽(6個月內可停留70天),可以透過旅行社或親自前往鄰國的緬甸領事館辦理。詳細辦理步驟依經辦機構而異。

■申請必備文件
1.6個月效期以上的護照。
2.6個月內的2吋彩色白底大頭照1張。
3.緬甸公司邀請函(僅有商務簽需要)。

■申請管道
1.緬甸領事館

http www.evisa.moip.gov.mm/embassy.aspx

2.昂齊旅行社

http www.abctours.com.tw

◀緬甸實體簽證須透過旅行社或海外緬甸領事館辦理

▲昂齊旅行社辦理緬甸簽證與機票經驗豐富,相當可靠。缺點是價格較自行辦理eVisa高上不少

▲除了線上辦理eVisa,旅客也可以自行前往鄰國的緬甸理事館辦理簽證

各類國際卡證

緬甸暫不承認國際駕照、國際學生證、國際青年旅舍卡等各類國際卡證。關於機車租賃、自駕等訊息可參考本書交通篇。

▋旅行許可證這裡辦

儘管仰光、曼德勒、茵萊湖和蒲甘等熱門目的地已遊人如織,但針對外國旅行者的限制其實仍未完全解除,目前緬甸仍有大量區域禁止旅行,或需要額外辦理旅行許可證(travel permit)。這類手續通常需時14~30天,建議提前聯繫當地旅行社協助辦理。

旅遊限制區查詢
緬甸飯店與旅遊部(Ministry of Hotels&Tourism)

http www.tourism.gov.mm/en_US(選擇「information」→「permitted Area」)

辦理地點
緬甸旅遊局辦公室(Myanmar Travel and Tours)

✉No 77-91, Sule Pagoda Road, Yangon

▲緬甸許多邊境區域仍需辦理許可證才能前往

(以上資料時有異動,出發前請再次確認)

蒐集旅遊情報

旅遊前先蒐集緬甸旅遊情報，確保旅途更順利！

緬甸的旅遊業仍屬起步階段，不僅旅館和 Local Tour 選擇有限，當地旅遊資訊服務也不算完備，建議出發前先做功課、提早規畫，對當地狀況有所瞭解才能玩得更順利而盡興。

實用網站

緬甸飯店與旅遊部官網(多國語言)

官方訊息網站，可查詢旅遊限制區域、合法旅行社和導遊等。

http www.toutism.gov.mm

go-Myanmar(英文)

資訊詳實而豐富的緬甸旅遊網站。

http www.go-myanmar.com

背包客棧 緬甸討論區(中文)

各式緬甸旅遊攻略、分享和討論。

http www.backpackers.com.tw

flymya.com(英文)

緬甸線上旅行社，可預訂機票、旅館、行程和各式票券。

http www.flymya.com

窮游網、馬蜂窩(簡體中文)

中國著名旅遊論壇,整合旅遊攻略、遊記、問答等。

http www.mafengwo.cn

http www.place.qyer.com/myanmar

探索緬甸(中文)

Facebook 緬甸旅遊社團,經常發布緬甸當地的最新消息。

http www.facebook.com/groups/iLoveMyanmarTravel

Bagan:Ancient Capital of Myanmar (多國語言)

關於蒲甘平原佛塔群的詳細介紹。

http www.bagan.travelmyanmar.net

12GO Asia(英文)

提供東南亞交通訊息,可查詢、預定緬甸城市間的交通。價格較緬甸當地高出不少,建議針酌使用。

http www.12go.asia

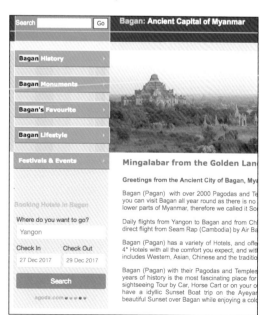

實用 App

CityMaps2Go、maps.me

離線地圖。只要預先下載城市地圖並將旅館、景點位置標上，即便沒有網路也不必擔心迷路。

Tripadvisor

匯聚了數千萬則旅客評論與照片，可輕鬆查詢周邊不錯的餐廳、旅館、景點和觀光活動。

Burma(Myanmar)－Travel Guide

提供緬甸主要城市的基本資訊、景點、旅館、餐廳與交通，儘管資料不算齊全，但仍不失為建立基礎認識的管道。

Burmese

針對旅行者的緬甸語學習 App，內建許多實用單字與句子，可藉由出示 App 內的相關詞句與當地人溝通。

Grab

盛行於東南亞的叫車 App，使用方式類似 Uber，可用較低廉的價格乘車。

當地旅遊資訊

旅遊信息

緬甸飯店與旅遊部 (Ministry of Hotels&Tourism) 在各地設有旅遊服務中心，提供英文旅遊簡章與諮詢服務，不過工作人員能提供的訊息和幫助其實有限。如果只是要代訂行程、包車、索取地圖或一些簡單的問題，酒店或青年旅館的櫃檯就能幫忙。有餘裕者也可以多和其他旅行者交流，他們經常能提供一些意料之外的有用信息。

各地旅遊服務中心地址可登錄官網查詢。

http www.tourism.gov.mm (選擇「Information」→「Information Counters」)

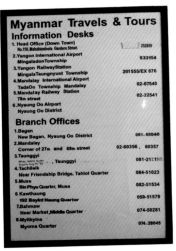

◀各地旅遊服務櫃檯聯絡資訊

生活資訊

當地的生活資訊主要刊載於報紙、雜誌、電視之上，可惜它們大多為緬甸文，感興趣的旅行者最好直接向當地人打聽。以下為較出名的兩個英文媒體。

Myanmar Times

提供緬甸新聞、旅遊訊息、展覽與活動資訊、餐廳推薦。

http www.mmtimes.com

伊洛瓦底新聞網

各種面向的緬甸新聞，Lifestyle 分類對旅行者最實用。

http www.irrawaddy.com

行家密技　參與Local Tour

如果擔心資訊收集不齊，或想要輕鬆玩緬甸，參與當地行程(Local Tour)也是不錯的選項。此類行程大多含括旅館接送和導遊，只要報名便可輕鬆玩遍精華景點，方便又簡單。

緬甸較受歡迎的活動包括景區一日遊、熱氣球、健行、烹飪課等，你可以於前一天告知緬甸旅行社或旅館，由他們推薦行程並報名；也可以事先透過線上預訂平台KKday和Klook訂購行程，它們雖價格稍高，但提供有中文客服，溝通更方便。

KKday
http www.kkday.com

Klook
http www.klook.com

▲仰光蘇雷佛塔旁的旅遊服務中心

行程規畫

根據建議行程，玩翻緬甸吧！

緬甸占地廣大，景點分散，加上公眾交通不算發達，要一次遍覽緬甸並不容易，安排行程時最好將旅行天數、興趣與預算納入考量，再決定適合的行程與旅行方式。

依天數與興趣選擇旅行地點

無論你喜歡的是高山深海、佛塔寺廟，或者是各式田野與民俗，緬甸都能滿足你的期待。

至少5天

若僅有 5 天假期，可以安排簡單的雙城遊。除了機場所在的仰光外，古蹟遍地的蒲甘、兼有古城與僧院的曼德勒，以及風光優美閒適的茵萊湖都是很受歡迎的選項。

10天

可走訪仰光、蒲甘、曼德勒與茵萊湖等觀光重地，將緬甸旅遊經典一次囊括。

12～15天

除了 10 日經典遊外，可再按個人喜好加入蒙育瓦、彬烏倫、大金石等周邊衛星市鎮，也可以安排簡單的健行、烹飪或禪修行程。

30天以上

可以較完整的探索緬甸，將妙烏的佛塔、毛淡棉的殖民建築、格勞的健行行程，以及丹老群島的海灘與浮潛等納入旅行版圖。

行程規畫 Step by Step

Step 1　確認旅遊天數與預算

按照自身假期與經濟條件，確認旅程天數和預算。緬甸的行程通常得安排5天以上，若想一次遊遍重點城市，則需10天以上的時間。

Step 2　蒐集初步資訊

瀏覽旅遊書、旅行社網頁或其他網路資訊，找出感興趣的地點、活動或節慶。

Step 3　決定目的地與行程

綜合手邊資訊，依照天數、預算和個人興趣規畫出每日停留城市。

Step 4　預訂機票

確定日期後即可進行機票比價與預訂。

Step 5 規畫行程細節

安排每日行程細節,依照預算確認適合的交通方式與活動。

Step 6 辦理簽證與相關證件

務必確認護照有6個月以上效期,並在出發日前90天內辦理簽證。其餘國際證件在緬甸派不上用場,毋須辦理。

Step 7 預訂住宿

緬甸旅館雖不算多,但幾個主要觀光區也已齊備Airbnb、青年旅館、商務酒店、高級酒店甚至度假村等各級住宿,可按個人預算與喜好做選擇。多數住宿都能透過國際訂房網站預訂。

Step 8 預訂交通或相關活動

緬甸長途夜車座位有限,若在11～2月的旺季前往,最好提早上網預訂。如果確定要參與健行、禪修等活動,也可以事先預約。

Step 9 換匯、信用卡與提款卡

確認大概的花費後,便可進行換匯。建議同時攜帶嶄新無摺痕的美鈔,和1～2張開通跨國提款功能的提款卡,到緬甸再按需求兌換或提取緬幣。當地接受信用卡的地方不多,現金得帶足。

Step 10 整理資料與重要訊息

將證件和重要資料(訂房紀錄、車票、電子機票、行程表等)備份後儲存至手機或印出供參考。同時查詢並整理機場或車站前往旅館的交通,以

及當地的風俗禁忌、注意事項。若有餘裕,還可以閱讀相關書籍與網站,瞭解目的地的歷史或景點介紹,讓旅程更深刻。

Step 11 打包行李

出發前一週可關注當地天氣,開始打包行李。若僅在主要城市間移動,行李箱就很方便;若有較多鄉村、小鎮行程,或需要大量移動,則建議選擇背包。緬甸很多地區購物不算方便,有習慣使用的物品最好自己準備。

Step 12 購買保險

為降低突發狀況造成的損失,建議出發前向熟悉的保險公司或網站,購買旅遊不便險與平安險。若忘記提前準備,機場也有保險公司服務台。

Step 13 出發!

帶齊所需證件與資料,搭機出發!

依預算決定旅遊方式

雖然緬甸物價低廉,但當地旅遊產業起步晚,資源少,針對觀光客營運的 VIP 巴士、旅館、門票和包車費用其實和周邊東南亞國家相去不遠。

如果你預算充裕,對吃、住、行的品質有所講究,不妨參考旅行社的團體行程,除了有專人打點行程與雜務,價格通常也比自己安排同級住宿、交通來的划算。而喜愛自由且預算有限者,則建議選擇自助遊,雖然需要付出更多時間準備,在行程上也需要保有更多彈性來應付突發狀況,但卻能完全依照個人喜好安排,若選擇青年旅館、路邊攤,還可能用很低的價格完成緬甸行。

旅行方式比較

	參加旅行團	半自助自由行(機加酒)	全自助旅行
費用	●彈性：低 ●固定支出，幾乎涵括所有費用，僅需額外準備購物費用與小額雜支。	●彈性：中等 ●通常包括旅館與交通，其餘費用至當地按個人消費支付。	●彈性：高 ●除門票為固定支出外，交通、住宿、用餐等都可按照個人預算選擇。
適合對象	●預算充裕，對旅行品質有一定要求 ●沒太多時間規畫 ●旅遊人數眾多 ●旺季機票與住宿費用高漲時	●住宿預算較高(合作酒店通常屬於中高級) ●定點旅遊(酒店大多固定在同一城市，若想換城市可要求延後回程機票，另外預訂其餘住宿)	●預算有限 ●喜愛自由，不害怕麻煩，且有能力對應突發狀況 ●喜愛深入探索當地或認識新朋友
優點	●毋須準備，可以輕鬆享受旅程 ●有專人照顧並解說歷史文化	●省下安排住宿、交通的時間 ●費用通常比分開預訂便宜	●可完全按照個人預算與喜好調整行程與花費 ●有更多機會和當地人與其他旅行者互動
缺點	●自由度低，必須配合團體 ●和當地人交流機會少	●合作航空與飯店固定，通常選擇有限	●得花很多時間查詢、安排行程 ●必須獨自面對旅程中所有狀況與麻煩

(製表／詹依潔)

當地參考物價 (單位：緬元)

用餐			
路邊果汁	500～1,000	路邊小吃	500～1,000
水(1公升)	250～300	小餐館	700～1,500
飲料(熱奶茶、可樂)	300～500	正式餐廳	3,000～5,000
門票			
仰光大金塔	8000	蒲甘Zone Fee	25,000
曼德勒Zone Fee	10,000	茵萊湖Zone Fee	12,000
交通			
市中心計程車	3,000～5,000	E-bike租用／天	6,000～7,000
包車／天	30,000～50,000	機車租用／天	8,000～15,000
長途夜間巴士	10,000～30,000		
其他			
明信片郵資	1,000	明信片(單張)	300～500
傳統服飾	6,000～10,000		

(製表／詹依潔)

單日預算預估

低於USD50	●青年旅館：床位USD6～15；雙人間USD20～35 ●街邊小吃或小餐館：USD2～5 ●公車或租用腳踏車：USD2～3
USD50~150	●中等酒店：雙人間USD50～100 ●普通餐廳：USD5～10 ●租用機車、E-bike：USD5～8
USD150以上	●高檔酒店：雙人間USD 150～600 ●高級餐廳：USD20～50 ●包車：USD40～60

(製表／詹依潔)

貼心 小提醒

小費文化

在緬甸給小費不是必要的。不過若在觀光區的佛塔遇上當地人用手電筒替你照亮室內、扶你爬上陡峭階梯，或遇上寺廟的鞋子保管處，可以給予100～500緬元表示感謝。包車或參與Day Tour，也可以給予司機或導遊5～10%不等的小費。在中級以上的旅館，小費的行情約落在500～1,000緬元。

機票與航空公司的選擇

利用機票比價網，搜尋最實惠的機票價格。

航空公司的選擇

目前緬甸一共有3個國際機場：仰光國際機場 (RGN)、奈比多國際機場 (NYT) 和曼德勒國際機場 (MDL)，其中又以桃園前往仰光的機票選擇最多，價格也較實惠。

以便利性為主要考量者，華航一週有5班飛機由桃園機場直飛仰光(週五、週日不飛)，飛行時間約4小時。若以預算為主要考量，不在乎轉機時間，則可以考慮搭乘亞洲航空(AirAsia)至吉隆坡或曼谷轉機。另外越南航空、國泰航空、馬來西亞航空、泰國航空等，也都有班機前往緬甸，建議可以直接透過比價網站查詢，選擇最符合需求的飛行方案。

如何購買便宜機票

要購買前往緬甸的便宜機票，最重要的便是多比較和提早預訂。許多旅行社官網與比價網站都提供有機票比價的功能，可以在比較票價、相關退改票規定、轉機時間、里程累積規則等因素後自行選擇最划算的方案。

若選擇的是廉價航空，記得把購買行李的價格也一併列入考慮。

熱門機票比價網站這裡查

Skyscanner
http www.skyscanner.com.tw
Funtime
http www.funtime.com.tw/overticket
背包客棧
http www.backpackers.com.tw/forum/airfare.php
Google Flights
http www.google.com/flights
易遊網
http www.eztravel.com.tw

前往緬甸主要航空公司比較

航空公司	轉機點	抵達緬甸城市	航空公司類型	備註
中華航空	無	仰光	普通航空	直飛
亞洲航空	吉隆坡	仰光／曼德勒	廉價航空	較便宜但轉機時間長
越南航空	河內／胡志明市	仰光	普通航空	
國泰航空	香港	仰光	普通航空	可利用台胞證免簽玩香港
馬來西亞航空	吉隆坡	仰光／曼德勒	普通航空	可免簽證順便遊玩吉隆坡
泰國航空	曼谷	仰光／曼德勒	普通航空	

(製表／詹依潔)

機票比價與訂購 Step by Step

以下以可以同時比較廉價航空與普通航空價格的Skyscanner為例。

Step 1　填入出發地、目的地、去回程日期、旅客人數與艙等

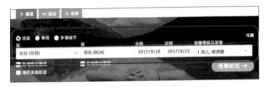

Step 2　設定篩選條件與排序方式

Step 3　選擇欲搭乘的航班

考慮時間、含稅票價、艙等、轉機時間等因素後，選擇適合的航班。

Step 4　確認航班細節

Step 5　選擇訂購網站

若價差不大，建議直接前往官網訂購；若選擇透過訂票網站訂購，記得查詢該網站評價。

Step 6　再度確認航班資訊

再度確認所選航班資訊，並詳閱機票限制，沒問題即可選擇訂購。

Step 7　填寫旅客資訊

填寫欲搭乘班機者的個人資料，務必確認資訊正確且英文姓名拼音得和護照相同。若是搭乘廉價航空，建議在填寫後一併選擇加購項目(如餐食、行李)，會比在機場現場購買便宜許多。

Step 8　付款開票

於開票期限內付款開票。多數信用卡刷機票皆會贈送旅遊不便險與平安險，建議在研究相關規定後，選擇合適的信用卡直接線上刷卡付款。

Step 9　收取訂購確認信與電子機票

訂票後記得至電子信箱收取確認信與電子機票，再次核對旅行日期、航班與旅客資訊，確認無誤後存入智慧型裝置，當天帶至機場即可。

匯兌與信用卡

現金較信用卡普及，請備足足夠的現金。

消費以現金為主，建議攜帶充足的美金和 1 ～ 2 張跨國提款卡至當地使用。

現金

▲CB Bank是緬甸常見的大銀行

觀光區的旅館、商店、長途夜車大多接受美金，而日常消費與景區門票則以緬元 (Kyat) 計價。在台灣要取得緬幣並不容易，建議估算花費後攜帶足量美元現金，到當地再按需求小額多次換匯。面額可以 USD100 為主，搭配少量 USD1、5、10 支付旅途中的小額消費，以免遇到找不開的狀況。當地換匯場所也接受歐元、英鎊、人民幣等，但匯率與流通性較美元差。

換匯場所部分，緬甸銀行匯率跟私人換匯所差不多，可直接至銀行兌換。當地較常見的銀行包括CB Bank、KBZ Bank、AYA Bank、AGD Bank等，營業時間多為週一～五09:30～16:30，其中KBZ和AYA匯率都不錯。較特別的是，仰光機場的銀行匯率很好，下飛機後不妨直接兌換再前往市區。

▲銀行前的匯率表多為USD100的匯率

匯率這裡查

XE Currency

[http] www.xe.com

可查詢緬幣與美金的即時匯率，提供有同名App可在旅途中隨時查詢。

Taiwan Rate

[http] www.taiwanrate.org

可查詢台灣各個銀行的美金現金匯率。網站匯率僅供參考，匯兌前記得詢問是否收取手續費。

貼心 小提醒

準備完美的美金

雖然用美金在緬甸換匯非常方便，但仍須注意以下事項：

1. **面額越大的鈔票匯率越好**
   通常百元大鈔匯率最好，USD50、20、10面額次之，而USD1、5的匯率最差。

2. **僅收無摺痕新鈔**
   緬甸對美金紙鈔的要求很嚴苛，必須是2006年以後的版本，且凡有汙損、摺痕、劃記或是任何痕跡都可能被拒絕。因此取得新鈔後最好和厚紙板放在一起收納，以確保紙鈔的狀態。

信用卡與旅支

信用卡在緬甸的普及率不高，即便是仰光、曼德勒等大城，也只有高級旅館、高級餐館與藝品店等高消費場所能使用。若打算刷卡，最好在消費前先詢問。

旅行支票在緬甸則幾乎形同廢紙，不僅店家、旅館不收，也沒有能兌換成現金的場所。

跨國提款

緬甸銀行大多設有提供跨國提款功能的24小時 ATM自動提款機，對錯過營業時間或不想攜帶太多現金的旅行者而言很方便。雖然每次提領會被收取5,000緬元加上台灣各銀行規定的換匯手續費，但由於匯

▲ 若欲使用24小時營業的ATM自動提款機，記得要在台灣預先開通跨國提款功能

率比當地銀行好，因此總費用和現金換匯其實相去不遠。當地信用卡不普及，多攜帶1～2張跨國提款卡也是對旅程的多一層保障。

貼心 小提醒

跨國提款事前準備

若想在緬甸跨國提款，須先在台灣辦理以下事項：

▲ 金融卡上的國際提款標章

1. 向銀行開通跨國提款功能，並設定4位數的PIN碼。
2. 向銀行確認該金融卡跨國提款的手續費與單日提款上限。

跨國提款Step by Step

以下以 CB BANK 提款機為例。

Step 確認跨國提款標章

確認提款機有和金融卡一樣的跨國提款標章

Step 插入信用卡

行前準備

Step ③ 選取語言

英文、緬文最常見，部分提款機可選擇中文。

點選選擇語言

Step ④ 選按CASH WITHDRAW 提款

餘額查詢

提款

Step ⑤ 選擇提款帳戶類型

含信用卡功能的選CREDIT ACCOUNT，單純金融卡選SAVING ACCOUNT。

Step ⑥ 選擇金額

選擇欲提取金額

其他金額（可自行輸入）

Step ⑦ 輸入提款卡密碼

Step ⑧ 選擇是否需要收據，完成後取款

行李打包準備

終年炎熱，須備妥小外套因應夜車與日夜溫差。

打包時可以簡單將物品分成託運行李與隨身行李兩部分。託運行李額度一般航空為 20 ～ 30 公斤，廉價航空大多需要自行加購，隨身手提行李則多是 1 件，且有尺寸與重量規定。

選擇行李款式

託運行李

可按照個人習慣選擇行李箱或後背包，用以收納生活用品，如衣物、盥洗用具、鞋子、充電器等，另外超過 100ml 的液體和尖銳物品也必須要託運。需注意的是，託運行李有一定機率可能延誤或遺失，最好在隨身行李中備上 1 ～ 2 天份的必需物品。

▲在緬甸帶行李箱也很方便，不需要擔心

■**行李箱**：適合行李眾多、定點旅遊者，若僅安排在主要城市間移動，便可選擇行李箱。

■**大背包**：適合安排較多鄉村、小鎮行程，或需要多次移動的旅行者。

隨身行李

攜帶重要物品，在城市與定點旅遊時使用。建議同時攜帶小背包、斜背包 2 種款式。

■**小背包**：用來裝水、旅遊書、外套等物品，緬甸治安不錯，

▲背包建議選擇深色、寬肩帶款式，背起來輕鬆也比較不怕髒

不需要太擔心扒竊問題。如果安排周邊城市 2 ～ 3 日遊，可用小背包攜帶簡單換洗衣物，將大行李留在原本投宿的旅館。

■**斜肩小包**：放置錢包、手機、證件、地圖等貴重物品。斜背款式較容易看管，取用上也較方便。

貼心 小提醒

通關管制物品須知

入境緬甸可免申報攜帶400根香煙、250克煙草、2公升的酒、不超過10,000美金的等值貨幣。另外緬甸政府禁止個人攜帶緬幣出入境，須格外留意。更多通關與飛航管制物品可參考下列網站：

1.緬甸海關規定

http www.iatatravelcentre.com(選擇 「Customs, Currency&Airport information」→「Myanmar」→「More Import regulations for Myanmar」)

2.台灣海關規定

http taipei.customs.gov.tw(選擇「旅客通關」→「出入境通知」)

3.飛航管制物品

包含隨身與託運行李相關規定。

http www.taoyuan-airport.com/chinese/security

必備物品

緬甸許多地區購物不算方便，若有習慣使用的物品或品牌最好自行攜帶。除了必備的換洗衣物外，以下物品在緬甸也很實用。

■**塑膠袋**：用來裝脫下的鞋子。緬甸寺廟經常有多個出入口，隨身帶走脫下的鞋不僅能免去保管鞋子的小費，參觀後也能就近找出口離開。

■**手電筒**：緬甸行程中不乏日出、日落或昏暗的洞穴、廟宇，在偏遠鄉村地區還可能遇上停電。

■**濕紙巾**：可在吃飯、穿鞋前擦去手腳的風沙，或在搭乘夜車不能洗澡時做簡單擦拭。

■**口罩**：緬甸道路經常塵土飛揚、廢煙瀰漫，有騎乘機車、腳踏車計畫者，最好自備口罩。

■**常備藥品**：當地街頭食品與小餐館衛生狀況良莠不齊，鄉村與湖畔地區蚊子不少，建議帶上蚊蟲藥、腸胃藥、感冒藥等常備藥品。

▲在緬甸使用鞋子保管箱經常需支付小費

衣著建議

除了高山地區外，緬甸終年炎熱，最好穿著吸汗的棉質上衣、寬鬆長褲或長裙，並額外帶上防曬小外套或薄絲巾。同時為方便參觀寺院與佛塔，衣著宜選擇遮蓋肩、胸、肚臍和膝蓋以上部位的款式，並帶上方便穿脫的拖鞋與涼鞋。若在涼季前往或有搭乘夜車的計畫，記得帶上一件有厚度的禦寒外套，用以應付強烈的日夜溫差和冷氣強勁的夜車。

計畫前往北部山區、參與健行活動或有特殊行程安排者，請參考氣象預報並諮詢當地旅館、旅行社，額外準備充足的禦寒衣物、好走的鞋子與相關配備。

▲參觀緬甸寺廟需赤腳裸足並穿著合宜服飾

防曬絲巾或小外套

棉質吸汗上衣

寬鬆褲子或裙子

防曬帽子

拖鞋或涼鞋，方便穿脫

▲緬甸旅遊衣著建議

行李清單(檢查後打V)

(打勾)	物品	說明
重要物品、證件、金錢		
	護照(效期6個月以上)	包含正本、影本並備份至雲端硬碟
	簽證	包含正本、影本並備份至雲端硬碟
	2吋大頭照(2張以上)	
	現金	以無汙損與劃記的美金為主
	提款卡(1～2張)	開通跨國提款功能
	電子機票、保險單	紙本或電子檔皆可
	訂房資料	入住飯店時直接出示可免去溝通麻煩
	旅遊書	
日常用品		
	換洗衣物	棉質上衣、寬鬆褲子或裙子、防曬薄外套或絲巾、厚外套、襪子、內衣褲、睡衣
	鞋子	一雙拖鞋或涼鞋、一雙好走的鞋子
	帽子	最好是寬帽簷、能遮陽的款式
	太陽眼鏡	
	雨具	特別是7～10月的雨季，幾乎天天下雨
	紙筆	填寫入境表、明信片
	眼鏡、隱形眼鏡	
	針線包與別針	
衛生用品		
	盥洗用具	特別是住宿青年旅館者，需自行攜帶牙膏、牙刷、沐浴乳、洗髮乳，甚至毛巾等
	保養品	當地氣候乾燥，建議以保溼產品為主，護唇膏與護膚乳液最好隨身攜帶
	化妝品與卸妝產品	
	指甲剪	必須託運
	面紙	
	防曬乳	
	衛生棉	
	刮鬍刀	
電器用品		
	相機、攝影機	
	相機周邊	記憶卡、備用電池、閃燈、腳架、自拍棒等
	手機	
	充電器	手機、相機充電器，也可帶上行動電源

	隨身硬碟	用以備份照片
	筆記型電腦、平板電腦	視需要攜帶
其他		
	個人藥品	OK繃、腸胃藥、感冒藥、止痛藥、防蚊液、暈車藥
	塑膠袋	
	摺疊購物袋	買太多東西時可使用
	濕紙巾	
	手電筒	
	小禮物或文具	可送給當地小孩
	U形枕	搭乘夜車時使用能睡得更舒適

(製表／詹依潔；紅字為必備物品)

緬甸文指指點點
行前準備篇

ဘယ်မှာလဲ
何處

ဘယ်အချိန်လဲ
何時

နေ့လည်ပိုင်း
下午

ညပိုင်း
晚上

ပူအိုက်သည်
會熱

အေးသည်
會冷

ခဏစောင့်ပါ
請稍等

တိုးရစ်စင်တာဘယ်နားမှာလဲ
遊客中心在哪裡

မြေပုံအလကားယူလို့ရလား
我能要一張免費地圖嗎

ဒါဘာလမ်းလဲ
這是什麼路？

ဆိုင်ဘယ်အချိန်ပိတ်သလဲ
店幾點關門？

ကျွန်ုပ်ကိုခေါ်ပြပါ
請帶我到___

___ လမ်းဘယ်မှာလဲ
___街在哪裡

ခင်ဗျားမှာ ရှိသလား
你有___嗎？

ဒီဟာဘာလဲ
那是什麼

ပေးပါ
請給我___

သင်အင်္ဂလိပ်လိုပြောနိုင်သလား
你會說英文嗎？

機場篇
Airport

瞭解緬甸的國際機場

緬甸機場規模不大，出入境手續也不複雜，只要按照本章內容預先瞭解登機與轉機手續的辦理、緬甸機場的設施與出入境步驟，以及仰光機場前往市區的多種方式，往返緬甸一點都不難。

如何前往緬甸

航空或陸路皆可抵達緬甸，挑選最適合你的交通方式吧！

大部分的台灣旅客都是搭乘飛機前往緬甸，其中又以仰光國際機場最方便。如果想一併遊覽周邊國家，目前只有與泰國接壤的陸路口岸可憑簽證通關，其餘口岸中，通往印度和中國需額外申請通行證，而前往孟加拉與寮國的關口則不對觀光客開放。

搭飛機

▲許多預算有限的旅行者會選擇乘坐亞洲航空(AirAsia)在吉隆坡轉機

緬甸目前共有 3 個國際機場，仰光國際機場是最大也最繁忙的一個，與桃園機場間有直飛航班聯結，和曼谷、吉隆坡、新加坡間也有密集航班。曼德勒國際機場與奈比多國際機場與台灣間暫無直飛航班，需經由第三地中轉。更多機票相關資訊可參考本書 P.X。

走陸路

緬甸於 2013 年開放後，經由泰緬陸路口岸出入境的手續日益便捷，吸引不少自助旅行者由此通關，前往泰國或其他東南亞國度繼續旅程。目前泰緬間對觀光客開放的口岸共有 4 個，具體通關步驟、交通與自駕過境的資訊可至以下網站查詢。

Go-Myanmar

🌐www.go-myanmar.com(點選「TRAVEL AND TRANSPORT」→「ARRIVING AND DEPARTING OVER LAND」)

維基旅遊

🌐www.wikitravel.org/en/Myanmar (點選「Get in」→「By land」段落)

Mae Sot／Myawaddy口岸

位於緬甸中部，距離仰光最近的關口，陸路交通發達，有直達車前往緬甸仰光、泰國清邁與曼谷。適用 e-visa 與紙本簽證。

Mae Sai／Tachileik口岸

位於緬甸東北，臨近寮國與茵萊湖，不過陸路最遠只能抵達景棟 (Kyaing Tong)，若想前往其他城市旅遊需從景棟或大其力 (Tachileik) 搭乘國內航班。適用 e-visa 與紙本簽證。

Ranong／Kawthaung口岸

位於緬甸南端，有巴士、內陸航班與交通船可通往緬甸中北部。適用 e-visa 與紙本簽證。

Phunaron／Htee Kee口岸

位於緬甸中南部，可拼車或搭乘迷你巴士至土瓦 (Dawei) 轉車前往其他城市。僅適用紙本簽證。

緬甸國際機場

台灣有直飛仰光的班機，可以多加利用！

認識仰光國際機場

仰光國際機場(RGN)位於仰光市區以北約15公里，是緬甸最主要的機場，目前一共有3個航廈，1、2航廈為國際航廈，3航廈為國內航廈，三者間於每日05:30～21:00間有免費接駁車連結，車程約15～20分鐘。

雖然無論是哪一個航廈，規模都不是太大，但仍能滿足基本的餐飲、購物、行李打包與換匯需求。

仰光國際機場網頁

http www.yangonairport.aero

仰光機場服務設施

電信公司

三大電信公司皆設有櫃台，可購買預付卡與單月方案。

換匯服務

KBZ、ANA、CB、AGD等大銀行都設有換匯櫃檯且匯率很不錯。

旅遊資訊中心

可在此索取免費仰光地圖。

餐飲服務

入境大廳有數間餐飲店鋪，包含肯德基、貢茶等海外連鎖品牌。

▲仰光國際機場目前一共有3個航廈

其他機場

機場名稱	機場介紹
曼德勒國際機場 Mandalay International Airport(MDL)	緬甸第二繁忙的機場，每天都有航班前往泰國曼谷，一週有5班飛機往泰國清邁；3班往新加坡、印度加雅(Gaya)；2班飛機往中國廣州和昆明。 由機場到市區約40公里，沒有公眾交通，僅能搭乘計程車，拼車4,000緬元／人，無空調計程車12,000緬元，空調計程車15,000緬元。 http www.mandalayairport.com
奈比多國際機場 Naypyidaw International Airport(NYT)	位於首都的小機場，主要為國內航班服務，國際航班只有一週3趟往泰國曼谷，2趟往中國昆明。 機場位於奈比多以南16公里，往市區計程車費約20,000緬元。 http www.naypyidawinternational.com

(製表／詹依潔；以上資訊時有異動，以官方最新公告為準)

轉機至仰光Step by Step

多數航空公司前往緬甸都需要經過轉機，雖然不同機場標示稍有不同，但轉機步驟相去不遠，以下以馬來西亞吉隆坡機場為例。計畫在抵達緬甸後轉乘國內航班者，則需先完成入境手續，再進行此頁轉機步驟。

Step 1 前往正確航廈

按照指示前往正確航廈轉機。

Step 2 查詢轉機資訊，確認航班狀態與登機門

於電子看板確認轉機資訊，前往正確登機門。

Step 3 抵達登機門，核對航班資訊

再度確認登機門看板上的航班資訊與登機證相符。

Step 4 等待登機

入境緬甸Step by Step

Step 1 沿著指標往抵達(Arrival)方向走

抵達方向　轉機方向

Step 2 填寫出入境卡

若未在機上填寫完畢,可在海關前的櫃檯填寫。

Step 3 海關查驗護照、簽證及出入境卡

緬甸海關通常不會詢問太多問題,只要備妥護照、簽證與出入境卡即可。

Step 4 領取行李

前往行李轉盤,確認轉盤上航班資訊無誤後便可安心等待行李。

航班資訊　行李轉盤編號

Step 5 通關

無申報物品者,走綠色通道並繳回海關申報單。

Step 6 換匯

緬甸機場匯率很不錯,可先換匯再進入市區。

▲AYA Bank、C B Bank等大銀行都在機場內設有換匯櫃檯

▲機場內有數間銀行可換匯,可簡單比較匯率後再換匯

海關申報單填寫範例

REPUBLIC OF THE UNION OF MYANMAR
CUSTOMS DEPARTMENT
Passenger Declaration Form
Please fill in Block Letters

- 姓名 Name
- 生日(日/月/年)
- 護照號碼 Passport No.
- 國籍 Nationality — Date of Birth (D/M/Y)
- 職業 Occupation
- 航班號碼 Flight No./Vessel — From — 航班出發地
- 抵達日期 Date of arrival

Please answer and tick ✔ in the appropriate diagram.-
□ 沒有申報物品
...able, prohibited, restricted goods to declare?
I have GOODS TO DECLARE Red channel　　　NOTHING TO DECLARE Green channel ○

是否攜帶超過 US$10,000 的美金或等值貨幣
If yes, declare to Customs and take back FED (Foreign Exchange Declaration) form
No.　　Yes.　　　Amount
Myanmar nationals should declare if any amount of foreign currency is to be taking into
Republic of the UNION of MYANMAR

是否攜帶有黃金、珠寶等貴重物品　　　金額
3. Do you have any valuable articles including gold, jewellery etc. for temporary admission?
No.　　Yes.　　if yes, please declare on the reverse side.
Have read the NOTICE and certify that this declaration is true and correct.

簽名　　Signature

出入境卡填寫範例

出境資料卡
DEPARTURE CARD

No.

姓 Name Family name　名 First name　Middle name
□ Male 男
□ Female 女

護照號碼 Passport No.　發照地點 Place of issue　發照日期 Date of issue

國籍 Nationality　職業 Occupation

簽名 Signature　Person leaving the Myanmar

簽證號碼 Visa No.　簽證核發日 Date of issue

NOTICE

1. PLEASE WRITE IN BLOCK LETTERS AND UNDERLINE FAMILY NAME.

2. ONE ARRIVAL CARD/DEPARTURE CARD MUST BE COMPLETED BY EVERY PASSENGER.

3. PLEASE KEEP THIS PORTION OF THE FORM IN YOUR PASSPORT/ TRAVELLING DOCUMENT AND PRESENT IT TO THE IMMIGRATION OFFICER ON YOUR DEPARTURE.

4. IN CASE OF CHANGE OF ADDRESS FROM WHAT IS STATED IN THIS FORM MUST NOTIFY THE IMMIGRATION AND MANPOWER DEPARTMENT HEAD OFFICE WITHIN TWENTY-FOUR HOURS.

Date of Last Arrival

FOR OFFICIAL USE

DETAILS OF PERSON ENTERING OR LEAVING THE UNION OF MYANMAR

入境資料卡
ARRIVAL CARD

No.

姓 Name Family name　名 First name　Middle name
□ Male 男
□ Female 女

生日 Date of birth　出生地 Place of birth

國籍 Nationality　職業 Occupation

護照號碼 Passport No.　發照地點 Place of issue　發照日期 Date of issue

簽證號碼 Visa No.　簽證核發地 Place of issue　簽證核發日 Date of issue

出發地 From
□ By rail 搭火車　□ By air 搭飛機
□ By road 走陸路
□ By ship 搭船　Flight No 航班號碼

第一次到緬甸 First trip to Myanmar　是否跟團 Travelling on group tour　停留天數 Length of stay
□ Yes □ No　□ Yes □ No　day (s)

旅遊目的 Purpose of visit
□ Tourist 觀光　□ Convention 活動　□ Business 商務
□ Official 官方活動　□ Others (Please specify) 其他(請註明)

中轉至 Transit to

居住地 Country of residence　飯店地址 Address in Myanmar

城市 City/State　國家 Country

簽名 Signature　Person entering the Myanmar

FOR OFFICIAL USE

□ Approve/Not approve

出境緬甸Step by Step

 Step 抵達班機起飛航廈，確認Check-In櫃檯

登機前2小時抵達班機起飛航廈，掃描行李後進入機場大廳，於電子看板確認Check-In櫃檯。

進機場前須先過檢確認沒有攜帶危險物品

航班資訊　　Check-In 櫃檯

航班狀態

Step 辦理登機和託運行李

前往相應櫃檯，出示護照辦理登機證與行李託運。

 Step 前往海關出境

於海關出示護照、登機證與出境卡。

 Step 行李檢查

過檢前再次確認身上沒有攜帶禁止出境或登機之物品。

Step 前往登機門候機

確認登機門看板上航班無誤，耐心等待廣播登機。

如何從仰光機場往返市區

有五種方式來往機場與市區。

　　仰光機場與市區間目前開通有一條機場專線，方便又便宜。若人數較多或不想人擠人，可選擇更為舒適快速的計程車，想省錢或想深入體驗居民生活的背包客，則可以試著挑戰搭乘市區公車。

機場往返市區交通方式比較表

交通方式	優點	缺點	價格
機場巴士	方便且便宜	僅有緬文報站，熱門時段可能相當擁擠	500緬元
機場接送	舒適準時，直達旅館，可預先安排並確定價格	除非包含於房價內，否則價格最貴	USD0～10（約0～15,000緬元）
公車	價格便宜	步行距離較長，車上通常十分擁擠	300緬元
計程車	舒適方便，直達旅館	價格較高且相當混亂，若非使用App或在櫃檯叫車，可能遇上司機哄抬價格引發糾紛	6,500～10,000緬元
計程車＋火車	價格適中，可避開塞車並體驗當地著名的環狀線火車	需多次轉乘，帶著行李不方便，且火車班次不多，經常需要等待	2,300～3,300緬元

(製表／詹依潔；以上資訊時有異動，以官方最新公告為準)

機場巴士

　　2018年年中開通的機場巴士是往返市區最便宜且便利的選擇，目前僅有的一條路線，由仰光國際機場第一與第三航廈門口發車，中途停靠Yangon Hotel、Myanmar Plaza（近茵雅湖）、大金塔、蘇雷佛塔等16個站點，最終停靠仰光火車站。營運時間為05:00～22:00，票價500緬元／人。

　　需注意的是，巴士僅從第一與第三航廈發車，其他航廈出發的旅客須先搭乘免費機場接駁巴士。此外巴士僅有緬文報站，最好在上車時預先告知司機下車站點，或利用手機地圖追蹤當下位置。

[http] www.facebook.com/omnifocusairportshuttle

▲機場巴士讓旅人多了一個來往機場方便的選擇

機場接送

　　前往市區最舒適方便的方式。只要預先跟旅館或旅行社預訂，便會有專人在入境大廳舉牌迎接，並將你直接送抵飯店。為了招攬生意，仰光許多飯店也會提供免費的單趟／來回接駁專車，有意選擇機場接送者，預定住宿時不妨多留意相關訊息。

▲接機人員會舉著寫有訂購者名字的牌子

公車

　　前往市區蘇雷佛塔 (Sule Pogoda) 附近的公車僅要價 300 緬元，十分便宜。不過當地公車人潮擁擠，且站牌離機場有些距離，若非行李少且具有冒險精神的背包客，較不推薦採用此方式。

搭公車前往市區Step by Step

Step 1 前往公車站

　　離開航廈後右轉，沿著Yangon Airport Road走到底，中途會經過國內航廈；看到路牌後右轉至Pyay Road，向前走幾步，就能看見Sel Maing Kone公車站。

Step 2 過街至對面站牌

　　前往對街，於Asia Light商場下方的公車站等車。若擔心乘錯方向，可向等車路人確認。

▲前往市區的Sel Maing Kone公車站

Step 3 搭乘37路公車

　　乘坐37路公車便可順利前往市中心。

▲前往市區的37號公車

▲緬甸公車通常相當擁擠

計程車

前往市中心的計程車價格相當紊亂，依叫車方式不同可能有 3,000 多緬元的價差。若想省錢並避免麻煩，建議直接使用叫車 App，並可在大廳尋找其他旅人分擔車費。

櫃檯叫車

透過設於大廳出口旁的計程車櫃檯叫車，好處是明碼標價，缺點是最為昂貴，往市區需 10,000 緬元。

▲一踏出機場大門就能看見計程車櫃檯

APP叫車

使用Grab等App叫車，設定路線後由App直接報價，免去議價糾紛。此方式方便且價格低廉，前往市區只需 6,500～7,000緬元。

叫車App操作Step by Step

Step 1 輸入叫車資訊

輸入起點、終點、付款方式、搭車時間等乘車細節。

Step 2 按下確定叫車

Step 3 App提供司機資訊

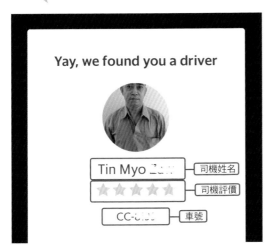

Yay, we found you a driver

Tin Myo ░░░ ── 司機姓名

★★★★☆ ── 司機評價

CC-░░░ ── 車號

Step 4 等待司機抵達並上車

The Voice Weekly

白塔與

Mahabandoola
Guest House

2 mins ── 預計抵達時間

Your driver is on the way.

CC-

Tin My ── 使用電話／訊息聯絡司機

普通計程車

仰光機場大廳常能見到拉客的計程車司機，價格依講價功力而異，一般約在7,000～10,000緬元。若僅有1～2人，部分司機會提出按人頭計價，並協助找尋共乘乘客，不過透過司機幫忙的價格通常會比自行湊足人頭再叫車來得昂貴。

▲ 在機場大廳會有不少招攬生意的司機

▲ 仰光計程車

預留塞車時間

仰光市區塞車情況極嚴重，除了深夜與清晨外，路上總有綿延的車陣。安排行程時請將交通延誤納入考慮，特別是前去乘坐夜車或返回機場搭機時，務必預先向旅館諮詢該時段可能的狀況，提早出發，以免錯過班車或飛機。普通狀況下，市區返回機場公車約需45分鐘～1小時，計程車約30～45分鐘，遇上塞車時間可能翻倍。

▲仰光機場往市區塞車嚴重，返回機場時記得預留時間

計程車＋環狀線火車

　　行李少，不怕等待與轉車麻煩的旅行者，可以考慮選擇計程車搭配火車前往市區。此種方式不但省錢，還能順便體驗仰光著名的環狀線火車並免於塞車之苦，是頗有趣的進城方式。

　　機場距離最近的火車站 Pa Ywet Seik Kon 約有2公里，計程車 2,000 ～ 3,000 緬元，若體力不錯，也可以步行前往。Pa Ywet Seik Kon 至仰光中央車站車程 40 ～ 50 分鐘，票價 300 緬元。

▲仰光環狀線線路圖

▲仰光中央車站

လေဆိပ် 機場	နိုင်ငံကူးလက်မှတ် 護照
ဗီဇာ 簽證	ကြေငြာသည် 申報

အကောက်ခွန်ဌာန 海關	ဝင်လာနေထိုင်ခြင်း 入境	ထွက်ပေါက် 出境
ဖြတ်သန်း 過境	ပစ္စည်းအိတ် 行李	အိမ်သာ 廁所

ပျောက်ဆုံးပစ္စည်းများရှာဖွေရန်နေရာ 失物招領處	ရန်ကုန် အပြည်ပြည်ဆိုင်ရာလေဆိပ် 仰光國際機場

မြို့လယ်ခေါင်/ မြို့ထဲ 市中心	အောင်းမင်္ဂလာဘတ်စ်ကားဘူတာရုံ 長途巴士站 Aung Mingalar	ငွေစက္ကူ 鈔票

ဘဏ် 銀行	ကျပ် 緬元	အမေရိကန်ဒေါ်လာ 美金	လဲနူန်း 匯率

ဘယ်နေရာမှာဘဏ်ရှိသလဲ
哪裡可以找到銀行呢？

ငါအထုပ်ပျောက်သွားလို့
我丟了我的行李

ခပိုက်ဆံလဲမလို့ပါ
我想要換錢

ငါဖလိုက်နဲ့လွဲသွားပြီ
我錯過我的飛機

လေဆိပ်ကိုပို့ပေးနိုင်မလား
能送我去機場嗎？

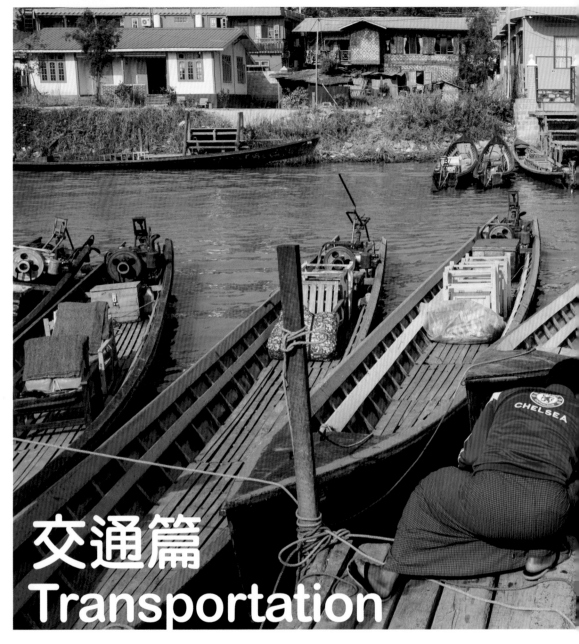

交通篇
Transportation

遊遍緬甸，該用什麼交通工具？

緬甸幅員遼闊，交通工具的選擇對旅行者而言至關重要。一般來說，長途夜間
巴士、短程區域包車、租用電動機車，或是搭乘計程車暢遊城區都是很受歡迎
的方式。你可以參考本篇羅列之交通工具，按照預算與時間選擇合適方案。

緬甸境內交通

夜間巴士是最便捷的旅遊工具！

緬甸長途交通以飛機、長途巴士和火車為主，其中長途夜間巴士便捷舒適，價格也不貴，最受自助旅行者青睞；而飛機雖省時，但得做好遇上誤點、航班調動的心理準備；火車則因採用窄軌而十分「動盪」，風景雖好但搭起來並不舒服。

區域交通部分，主要大城與周邊市鎮間多以小巴士連接，預算充裕或想沿途參觀景點者，也可以選擇包車。另外，喜愛獨特體驗者，趕緊跳上伊洛瓦底江上的渡輪吧！

飛機

緬甸國內航線多由螺旋槳小飛機執飛，價格依季節、航線而異，一般落在50～200美金之間。雖然近年鮮少傳出飛航意外，但機型老舊、檢查不確實等仍是當地航空公司共有的安全隱患。此外，當地航班的時間經常異動，起飛24小時前最好注意是否有相關通知。

緬甸主要航空公司這裡查

緬甸航空(Myanmar National Airlines)
http www.flymna.com

KBZ航空(Air KBZ)
http www.airkbz.com

亞翼航空(Asian Wings Airways)
http www.asianwingsair.com

曼德勒航空(Air Mandalay)：
http www.airmandalay.com

蒲甘航空(Air Bagan)
http www.airbagan.com

仰光航空(Yagon Airways)
http www.yangonair.com

金緬甸航空(Gloden Myanmar Airlines)
http www.gmairlines.com

▲ 緬甸旅行社大多提供機票、長途巴士車票、火車票預訂服務，手續費也不貴

長途巴士

緬甸的巴士由私人公司經營，可大致分為VIP巴士和32人座的普通巴士兩種。長途線路多在16:00～22:00間出發，05:00～06:00間抵達目的地，好處是不需耗費白天的時間，壞處是睡眠品質難免受到影響。一來當地路況不佳，部分路段相當顛簸；二來夜車中途往往會停靠2～3次休息站，此時為了避免行李遭竊，所有旅客都必須離車。

普通巴士

普通巴士雖然線路更廣，票價更低，但多是沒有空調的老式客車，座椅空間狹小而僵硬，走道還經常塞滿雜物，若非預算拮据或線路需要，不建議搭乘。

若想查詢普通巴士資訊或預訂車票，通常必須親自前往巴士總站或請旅館櫃檯及旅行社協助。

▲ 普通巴士內部

VIP 巴士

若旅遊目的地是仰光、蒲甘、茵萊湖、曼德勒等重要城市，建議選擇價格實惠、設備高級的VIP巴士(VIP buses或Express buses)。除了幾乎能躺平的寬敞座椅，此類巴士還提供個人娛樂系統、毛毯、耳機、飲料與點心(甚至晚餐)，是多數旅行者在緬甸長途移動的首選。

資訊查詢與購買

目前僅有少數VIP巴士公司開通有線上售票服務，其餘仍須前往巴士總站或透過第三方管道訂購，旺季至潑水節期間(11月～4月)夜車極為搶手，最好提前1～2天訂購。

■仰光翁山體育場 (Aung San Stadium)

位於仰光火車站後方，周邊聚集有數間代理商，可迅速詢問到 VIP 巴士的資訊，購票手續費約在 1,500 ～ 2,000 緬元。

▲ 仰光火車站後方有數間VIP巴士代理商，只需付低廉手續費就能輕鬆完成購票

■旅行社與旅館櫃檯

緬甸長途巴士站多位於市郊，若行程已大致確定，建議在抵達車站時直接購買離開的車票；若已身處市中心，給付少量手續費請旅行社或旅館櫃檯代訂是較方便省時的做法。

▲VIP巴士外觀

▲緬甸的VIP巴士相當舒適，
很受旅行者歡迎

■Myanmar Bus Ticket網站

可查詢並預訂緬甸 VIP 巴士的網頁，手續費偏高，建議作為查詢時刻表的網站使用。

http myanmarbusticket.com

VIP巴士公司推薦

■JJ-Express

可透過網站或同名 App 線上預訂與付款

FB www.facebook.com/jjexpressmm

http www.jjexpress.net

■Elite Express

可透過網站預訂，線上刷卡或至指定地點付款（付款或取票地點可選「Ticketing Agents」項目查詢）。

FB www.facebook.com/Elite.Express.Com.Mm

http www.tranlinkmm.com

▲JJ Express和Elite是當地很出名的VIP巴士公司

看懂長途巴士票

以JJ-Express為例。

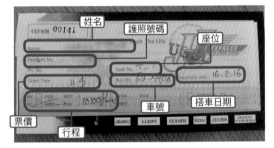

姓名　護照號碼　座位

票價　行程　車號　搭車日期

長途巴士搭乘Step by Step

以VIP巴士為例。

Step 1　找到欲搭乘之巴士公司

約1小時～45分鐘前抵達車站，找到欲搭乘之巴士公司。除了仰光Aung Mingalar汽車站占地較廣外，其餘車站範圍都不大，很容易就能找到目標。

▲仰光Aung Mingalar長途巴士站

▲各城鎮的巴士站大多位於市郊，記得提早前往

Step 2 櫃檯 Check-in

出發30分鐘前需至櫃檯出示護照與車票Check-In。

▲ 出發30分鐘前需至櫃檯出示護照與車票Check-In。

Step 3 放置行李並按指示上車

出發5～10分鐘前，巴士公司會廣播引導旅客放置行李並上車。一間公司在同個時段通常只會開放一台車，上錯車的機會不大。

▲ 依序放置行李後便可上車；下車時憑行李收據取行李

Step 4 按指示入座

按票面座位入座。出發後，VIP巴士車掌小姐會發送毛毯、點心盒、咖啡或茶水。若出發時間較早，也可能在晚餐時段直接停靠餐廳用餐。

▲ VIP巴士車廂新穎乾淨，還有點心可以享用

Step 5 抵達目的地

VIP巴士除了休息站外並無太多停靠站，上車時車掌小姐也會登記每位乘客的下車處，並在到站時提醒，毋須太過擔心。

貼心 小提醒

長途巴士搭乘注意事項

1. VIP巴士空調很強，車上提供的毛毯通常不足以禦寒，記得多帶一件稍有厚度的外套。
2. 巴士上沒有廁所，過程僅會停靠2～3次休息站，不要攝取過多水分。
3. 搭乘普通巴士最好戴上耳塞，車上經常會以極大的音量播放電影。
4. 發車前30分鐘必須抵達車站辦理Check-In。
5. 部分道路在雨季可能變得泥濘難行，進而影響抵達時間，時間安排請抓寬鬆。
6. 仰光、曼德勒與蒲甘等主要城市的長途車站都在市郊，必須預留交通時間，特別是仰光 Aung Mingalar巴士總站占地極廣，若安排由此出發，最好提早至車站找路。

火車

在許多國家，乘火車旅遊都是一件有趣而舒適的體驗，在緬甸，它同樣有趣，卻不保證舒適。英國殖民時代留下的窄軌鐵路十分搖晃，車廂大多老舊而簡陋。同樣路線的火車不僅比巴士更耗時，還經常誤點。不過由於火車能通往一些尚未修築公路的地區，沿途景致不錯，又能和當地人深入交流，因此頗受有冒險精神的背包客喜愛。若能忍受沿途不便，乘坐緬甸火車很可能會成為人生難忘的體驗。

目前緬甸的鐵路網約有 5,403 公里，其中仰光出發，經勃固、奈比多至曼德勒的路線發展最好，

▲ 百年歷史的谷特高架橋是緬甸鐵路最經典的風景

火車搭乘注意事項

1. 盡量提早訂票，特別是臥鋪數量有限。
2. 當地火車時刻僅供參考，請提早到站並做好誤點的心理準備。
3. 火車會在中途短暫停留，可以把握時間下車伸展肢體、購買零食點心；之後只要隨著當地人返回車上便不會有問題。
4. 半夜的火車可能會冷，若安排夜車記得帶上外套。

車廂也較新穎；而曼德勒出發，經彬烏倫(Pyin OLwin)、昔卜(Hsipaw)至臘戌(Lashio)的列車則會經過著名的谷特高架橋(Gokteik Viaduct)，是緬甸鐵路經典風景。若只想短程體驗，也可以選擇 3 小時的仰光環狀線。

▲ 乘坐火車是體驗緬甸日常的好方法

訂購火車票 Step by Step

緬甸鐵路局目前尚未開通線上售票功能，若想預購車票，給付少量手續費請當地旅行社代訂，是最為方便省時的方法。想親自購買者，可參考以下步驟。

Step 1 前往車站售票口購票

緬甸車票通常在出發數日前開放預購：普通車廂(Normal Class)1天前、高等車廂(Upper Class)3天前、臥鋪(Sleeper)1～2週前。部分車站僅在特定時段售票，出發前最好跟旅館確認。

▲ 車站售票處前通常有該車站的時刻總表與票價表

Step 2 告知搭乘資訊

包括目的地、搭乘時間、車廂等級和購票數量。

▲ 和售票人員告知搭乘資訊以購票

Step 3 確認價格，出示護照並付款取票

拿出耐心，緬甸車票多由人工手寫，因此站務員可能會花上數10分鐘登記個人資料，部分小車站可能耗時更久，甚至乾脆要求你隔日再取票。

於人員指定時間前往車站取票後，確認票面上的日期、目的地等訊息是否正確。

▲ 售票人員多以手寫登記個人資料，需要花上較多時間等待

看懂火車票

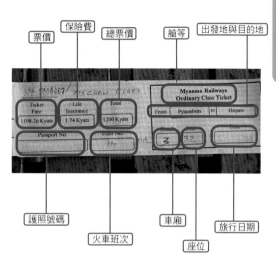

票價 保險費 總票價 艙等 出發地與目的地

護照號碼 火車班次 座位 車廂 旅行日期

火車搭乘 Step by Step

Step 1 前往火車站，查看時刻表並詢問站台

緬甸火車站月台告示多為緬文，建議直接詢問票務人員乘車月台。

▲ 緬甸火車站時刻表多為緬文

Step ② 前往發車月台候車

▲ 仰光中央車站月台

Step ③ 前往預訂的車等，確認車廂號碼

艙等

車廂號碼

Step ④ 前往座位就坐

▲ 高等艙等座位(Upper Class)　▲ 普通艙等座位(Oridinary Class)。

船舶

緬甸境內水道橫流，航運發達，特別是伊洛瓦底江和其支流，一直以來都很受當地人與觀光客喜愛。若不介意速度慢了些，乘船瀏覽能讓你舒適而充分的領略當地的純樸風光。

諸多船公司中，政府經營的內陸水道運輸公司(Inland Water Transport, IWT)是最便宜的選項，也最有機會和當地人近距離交流，缺點是船上設施較簡單老舊。除了透過旅行社預訂，你也可以直接前往各城市的 IWT 辦事處 (通常都位於出發碼頭旁) 購買船票。

喜愛享受者，則推薦選擇豪華私人郵輪，它們的房間和餐飲不輸高級飯店，並提供有 2 ～ 14 天不等的多樣化行程。此外，在一些湖泊與水道也有個人營運的小船提供半日至 1 日的短期行程，其中最具代表性的便是茵萊湖的長尾小船。

▲ 多數旅客到了茵萊湖都會包船遊湖

看懂船票

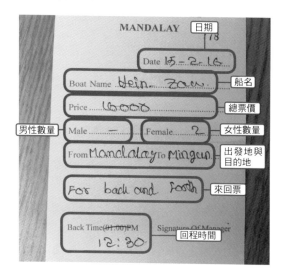

MANDALAY　日期
Date 15-2-16
Boat Name Hein Zaw　船名
Price 6000　總票價
男性數量　Male —　Female 2　女性數量
From Mandalay To Mingun　出發地與目的地
For back and forth　來回票
Back Time(01:00)PM　Signature Of Manager
12:30　回程時間

船舶搭乘Step by Step

以曼德勒往返敏貢的交通船為例。

Step 1 抵達碼頭，出示護照購買船票

外國人購買船票需出示護照，記得隨身攜帶。

Step 2 按指示登船

Step 3 找尋喜歡的位置就座

多數交通型船班皆是開放空間，可以提早上船找尋舒適的位置。私人郵輪則會有固定的房間號碼。

Step 4 抵達目的地下船

船班資訊這裡找

緬甸政府——內陸水道運輸公司
http www.iwt.gov.mm(船班訊息可在「Schedules for Route」查詢)
私人豪華郵輪
Amara River Cruise
http www.amaragroup.net/river/river-en
Paukan Cruises
http www.ayravatacruises.com
Pandaw Cruises
http www.pandaw.com

小巴士

緬甸中短程的路線多由8～16人座的小巴士營運。它們不一定由長途汽車站發車，沿途也沒有明顯站點，對旅行者而言，要搞懂路線與時刻表有些困難。因此最簡單的方式便是直接請旅館櫃檯協助預訂，接著只要在出發時間抵達指定位置，告知隨車人員預訂姓名並現場付款即可。若旅館位置幸運的位於巴士行駛路線上，車子甚至會直接「到府接送」！

▲ 小巴士

▲ 小巴士車票

▲ 若攜帶大件行李乘坐小巴，行李經常會被堆疊於車頂

豆知識

走道上的Narrow Seat

緬甸人習慣將每趟車的效益最大化。除了正常座位，他們往往會在巴士走道上擺滿板凳，或是堆疊各式貨物，確保車上每個空間都被妥善利用。若預定車票時，對方問你是否接受Narrow Seat或 Middle Seat，很可能就是指走道中的小板凳。

此種Narrow Seat和普通座位價格完全相同，若無意嘗試，唯一的辦法便是儘早預訂。

包車

如果計畫安排城市周邊景點的半日遊或一日遊，包車是最為舒適便利的方式，包括曼德勒周邊古城、茵萊湖至卡古佛塔塔林、蒲甘至波巴山、蒙育瓦周邊石窟等，都是很受歡迎的旅行路線。包車沒有公定價，一切依講價功力而定。透過旅行社與旅館櫃檯包車是較有保障的做法，車況通常也較好，缺點是價格較高。若以省錢為宗旨，直接在路上與計程車或私家車司機講價，通常能拿到更好的價格。孤身前往緬甸的旅行者，也可以請旅館櫃檯幫忙徵求旅伴，一起分擔包車費用。

貼心 小提醒

包車注意事項

1. 無論是透過旅行社、旅館預訂，或是自己與司機談條件，務必在上車前談好價格，並將行程內容與價格寫下，以防產生糾紛時可作為憑證。
2. 除了價格外，記得確認車況，空調車和非空調車的價差極大。
3. 小費不是必須的，但若在結束行程時給予司機適當的感謝，他們通常會相當開心。

▲ 許多旅館提供有包車服務，還可以替你徵旅伴

交通篇

緬甸市區交通

大眾交通運輸工具不發達，可多加利用計程車或嘟嘟車安排行程。

　　緬甸市區的公眾運輸並不發達，除了仰光、曼德勒、東枝等城市有公共巴士外，其餘皆需依靠私人交通。若共同旅行人數較多或攜帶大件行李，可善用計程車或嘟嘟車；移動距離稍遠且不怕擁擠時，皮卡車便宜又方便；若想避開擁塞的交通，則建議選擇摩托計程車，或是直接租用機車或自行車。

　　除了公車外，無論選擇的是何種方式，都請記得殺價。相關行情可預先詢問旅館或者長途巴士公司員工。

皮卡車

　　在公車不發達或未通行的區域，則有私人營運的皮卡車(Pickup Truck/Linecar)替代其功能。所謂皮卡車其實就是裝上遮雨棚與長條板凳的小貨車，它們大多由市中心或長途車站出發，沿街載客，你只需說明目的地，司機便會告知可否搭乘，短程的價格一般不超過1,000緬元，一小時車程約4,000～5,000緬元。

　　為最佳化每趟旅程的收益，皮卡車司機往往會在後座塞入大量乘客，若想避免擁擠，可以要求加價坐在前座。

▲ 若有興趣也可嘗試乘坐馬車

▲ 皮卡車是當地相當受歡迎的交通方式

公車

緬甸公車多由日本二手車改造而成，票價100～300緬元，只在仰光、曼德勒等幾個主要的城市營運。然而由於緬甸公車沒有英文路線圖與報站，部分公車甚至只以緬文標示號碼，對自助旅遊者而言，搭乘起來有點困難。

若想要挑戰公車，建議直接告知路人或司機目的地名稱，通常熱情善良的緬甸人便會告知需搭乘的公車號碼，並在抵達目的地時貼心提醒你下車。

此外公車在尖峰時段往往相當擁擠，塞車情況也很嚴重，若是要前往搭乘長途飛機或夜車，務必提早出發。

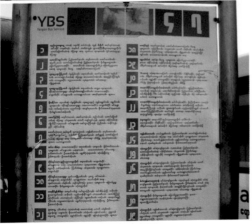

▲ 緬甸公車號碼與路線多用緬文標示

仰光公車App查詢Step by Step

「39 Bite Pu - Yangon Bus Guide」是一個支援英文查詢的仰光公車路線App，不過路線規畫不是太準確，建議初步查詢後還是要跟當地人做最終確認。

Step 1 進入App查詢頁面

功能1：直接查詢換乘方式
輸入出發地和目的地後按下查詢。

Step 2 App路線規畫結果

功能2：查詢公車路線
點選交通方式，可以檢視APP為你規畫的交通路線。

交通篇

計程車

　　緬甸計程車不跳錶，但只要講價能力不是太差，都能用合理的價格乘坐。若想省錢，直接在街上攔車議價通常比透過旅館、餐廳叫車便宜。直接和司機談包車半天至一天的行程也會比分段攔車划算。

　　此外，叫車 App Grab 已在仰光、曼德勒等城市建立了完善服務網絡，不妨善加利用。不過登錄 Grab 的不僅有轎車，還有摩托計程車等不同交通工具，按下確認前記得稍加留意。

▲ 緬甸計程車

共享計程車

　　除了皮卡車與公車，部分熱門路線還會有私人經營的共享計程車可選擇。它們大多由多人座轎車或小巴士營運，搭乘方式與價格和皮卡車相去不遠，其中仰光蘇雷佛塔往返 Aung Mingalar 巴士站的路線對旅行者非常實用。

▲ 仰光蘇雷佛塔往Aung Mingalar巴士站的共享計程車

▲ 就連緬甸當地人都經常搭乘計程車出行

計程車熱門路線參考價格(單位：緬元)

行程	價格	行程	價格
仰光、曼德勒市區	2,000～4,000	曼德勒巴士站到市區	5,000～6,000
曼德勒周邊古城	25,000～35,000／天	蒲甘巴士站到娘烏鎮	5,000～6,000
娘烏鎮到舊蒲甘	5,000～6,000	娘水鎮往卡古佛塔塔林	45,000～50,000／天

(製表／詹依潔；以上資訊時有異動，以官方最新公告為準)

租車

　　雖然近年自駕旅遊蔚為風潮，但即便撇開糟糕的路況與標示不清的路牌不說，要在緬甸自駕仍是相當麻煩。除了必須考取當地駕照並申請合法證件外，還需要自備車輛（僅仰光有唯一一間租車公司），整個手續漫長而繁複。相較之下，直接聘僱包含司機的車輛暢遊緬甸，其實更方便也更便宜。

　　雖然旅行者基本上不方便在緬甸開車自駕，但租用機車、電動機車或是自行車倒是沒什麼問題，手續也相當便捷，通常只需繳交押金並登記護照資料便可上路，這也是探索緬甸最自由而有趣的交通方式之一。

▲ 在緬甸租用E-Bike和機車冊須出示駕照，但若在台灣沒有騎車習慣，建議選擇包車更安全

機車（Motorbike）

　　除了仰光全面禁行機車，蒲甘禁止外國人騎乘之外，租用機車探索緬甸的中小型城市便宜又方便。曼德勒等城市的旅館通常備有數台機車可供租用，即便沒有，它們也能向合作車行調車，租用一天的價格約為 10,000 ～ 15,000 緬元。

▲ 緬甸鄉村地區的汽油經常裝在寶特瓶中販售

電動機車（E-Bike）

　　由於外國人禁止在蒲甘騎乘機車，採用電力的電動機車因而興起，想租用只要告知旅館即可，租用一天約 6,000 ～ 7,000 緬元，電力可從日出騎至日落。

▲ 電動機車是蒲甘最受歡迎的交通工具之一

交通篇

自行車 (Bike)

　　盛行於蒲甘、茵萊湖等區域，當地不少旅館提供有免費的自行車，城鎮主街上通常也會有數間租車店。其中蒲甘娘烏租車一天約 1,500 ～ 2,000 緬元；舊蒲甘約 3,000 ～ 4,000 緬元；曼德勒約 1,000 ～ 2,000 緬元；茵萊湖娘水約 1,000 ～ 2,000 緬元。

▲ 騎自行車探索鄉村看似悠閒，但偶爾會被碎石路震得屁股疼，最好挑選椅子較軟的車型

其他

　　鄉村或古城經常能見到馬車、驢車等特殊交通工具，它們的價格和包車相去不遠，1 ～ 2 小時的行程約 10,000 緬元，包車一天約 20,000 ～ 30,000 緬元，若有興趣不妨嘗試看看。

▲ 敏貢的牛車

▲ 乘馬車遊茵瓦古城氣氛很不錯

 貼心 小提醒

租車旅行注意事項

1. 交通工具的狀況參差不齊，付款前最好詳加檢查輪胎的胎壓、煞車、油表，以及腳踏車的踏板等，確保所有零件都能正常運作。
2. 出發前記下旅館或車行的電話，以備不時之需。
3. 緬甸城市的交通大多相當混亂，建議評估自身能力後再決定是否租用。
4. 計畫騎車長途旅行或前往鄉村與邊境地區者，除非申請有旅行許可證，否則請務必確保自己待在許可區內，並隨身攜帶護照以供查驗。

 豆知識

無所不在的日本車

　　由於汽機車需求驟增，緬甸近十年大量從日本採購二手公車、火車與汽車，造就了北海道機場接駁車穿梭蒲甘佛塔、JR塗裝火車駛過緬甸鄉鎮的奇特畫面。而這些滿街跑的日本車，搭配軍政府1970年突然宣布的「右行」政策，也使得緬甸成為全球唯一左駕、右駕並行的國度。

　　不過，為避免「右駕右行」導致的交通混亂與視線死角，緬甸政府已於2016年宣布禁止右駕車進口，這個獨特現象或許正逐漸走入歷史。

摩托計程車

摩托計程車全由個人經營，沒有官方或正式組織，價格也沒有明確規範。一般來說，只要仍在城市內，價格通常不超過 5,000 緬元，包車一天則約 9,000 ～ 10,000 緬元。目前很多摩托計程車司機都已加入 Grab，若不清楚市價，不妨直接透過 App 叫車。

嘟嘟車／
三輪車

在中小型城市，很容易便會看到人力三輪車(Trishaw)或帶引擎的嘟嘟車(Tuk Tuk)。他們的價格按距離而定，短程通常只需500～1,500緬元，包車一天則約25,000～30,000緬元。

▲ 許多城市的摩托計程車是由集團經營，司機會穿著特定公司的背心

▲ 仰光河畔的人力三輪車

▲ 有頂棚且通風的嘟嘟車速度雖慢，但價格便宜，還能悠閒欣賞沿途風光，是很不錯的短程交通工具

緬甸文指指點點 交通篇

77 Traveling So Easy! in Myanmar

交通篇

ဘတ်စ် 公車	မီးရထား 火車
တက္ကစီ 計程車	ကား 汽車
စက်ဘီး 腳踏車	တုတ်တုတ် 嘟嘟車	မော်တော်ဆိုင်ကယ် 摩托車
သင်္ဘော 輪船	လေယာဉ် 飛機	အဝေးပြေးကားဂိတ် 長途汽車站
ဘူတာရုံ 火車站	ဘတ်စ်ကားဘူတာရုံ 公車站	ဆိပ် 碼頭
အိပ်တွဲ 臥鋪車廂	တစ်လမ်းသွား 單程	အသွားအပြန် 往返

ကားခဘယ်လိုလဲ 車票多少錢？

ကျွန်တော့်အတွက်လက်မှတ်တစ်စောင်မှာပေးနိုင်မလား 可以幫我訂一張票嗎？

ရထား အခိန်ဇယားရှိလား 您有列車時刻表嗎？

ဘယ်လိုသွားရလဲဟေ့ပြနိုင်မလား 那裡要怎麼去？

ပြောင်းစီးရမလား 我需要換車嗎？

ငါဘယ်ကိုထပ်စီးသင့်လဲ 我必須在哪裡轉車？

ရေးပေးလို့ရမလား 可以寫下來嗎？

ငါဘယ်မှတ်တိုင်မှာဆင်းရမလဲ 我應該在哪一站下車？

အဲဒီကိုရောက်ဖို့ဘယ်လောက်ကြာမလဲ 要多久才會到達？

မေးပါရစေ ____ သွားယင် ဘယ်လိုင်းကားစီးရမလဲ 請問去 ____ 搭幾號車？

…… ရောက်ရင်ပြောပါ။ 抵達 ____ 的時候請告訴我

အနီးဆုံးကားမှတ်တိုင်ဟာဘယ်မှာလဲ 最近的公車站在哪裡？

ဘူတာရုံ ကိုသွားမယ် 我要去火車站

ဒီကိုပို့ပေးပါ 請送我去這裡

ကျေးဇူးပြုပြီးဒီမှာရပ်ပေးပါ 請在這裡停

ရပ် ။ 停止！

住宿篇
Accommodations

在緬甸旅行，有哪些住宿選擇？

緬甸的旅宿業在近年蓬勃發展，雖然整體而言，其住宿CP值仍略低於周邊國家，非旅遊區的
住宿條件也仍有改善空間，但要滿足基本住宿需求倒也不成問題。旅行者只要預先瞭解各類
旅館的特色，就能在評估個人預算與需求後，透過線上訂房網站輕鬆完成預訂。

如何選擇酒店

針對自己的需求挑選合適的飯店吧！

　　旅館依照等級與條件的不同，價差極大，挑選住宿時首先要評估預算決定住宿類型，接著只要按照行程選擇地點，再參考前人評價避免隱藏風險，就能快速找到符合心意的旅店。

▲ 經濟型旅館的早餐空間

預算

　　實際房價依城市與住宿區域而異，大致上青年旅館與家庭旅社的床位約 USD6 ～ 15，雙人房約 USD20 ～ 35；中等旅館的雙人房約 USD50 ～ 100；高檔酒店或特色住宿的雙人房則從 USD150 ～ 600 不等，部分城市也有美金千元以上的房型。

　　雖然當地旅館多以美金報價，但付款時不妨嘗試詢問緬元價格，有時會有意想不到的優惠。

地點

　　在四大旅遊目的地中，仰光的蘇雷佛塔位於城市中心，周圍交通便利，又能步行前往數個主要景點，最受旅行者青睞；曼德勒的住宿主要集中

▲ 家庭旅社是緬甸最主要的住宿類型

▲ 蘇雷佛塔是仰光的交通樞紐，許多旅行者會選擇住宿在周邊區域

於皇城西南角的巷弄中，不過當地景點分散，住宿何區其實差別不大。

茵萊湖住宿以娘水鎮(NyaungShwe)和湖面水上屋為主，前者範圍不大，景點、餐廳與住宿都在步行範圍，生活機能佳。後者則多是獨立於湖面的高級特色旅宿，雖然交通不便，但更能享受茵萊湖的清幽，度假氛圍更濃。

蒲甘的住宿則分作娘烏(Nyaung U)、老蒲甘(Old Bagan)、和新蒲甘(New Bagan)三大區域，各區特色與優劣可參考本書玩樂篇蒲甘章節。不確定如何選擇者，亦可直接參考各大線上訂房網站的地圖系統，只要是旅館群聚的區域，通常都有不錯的生活機能與交通便利度。

▲ 若無法決定住宿區，可透過線上訂房網站的地圖系統，挑選旅館密集的區域

評價

預訂住宿前建議仔細閱讀網友評論，其中又以「負評」最重要，它們往往更能真實地反映出旅店的狀態與潛藏問題。包括 Tripadvisor、各大訂房網的評價區，以及部落格經驗分享都是很不錯的訊息來源。以下是建議的參考項目。

■交通位置

住在主要城區，能有效節省通勤的時間與花費。

■乾淨度

特別是青年旅館或低價家庭旅店，要特別留意是否有床蟲問題。

■安全性

緬甸治安不錯，若評價中特別提及治安問題，最好格外重視。

■設施

是否提供 Wi-Fi、電梯、廚房設備、冷暖氣等。

■附加服務

價格通常包含早餐，行李寄存、機場接送、腳踏車租賃、行程預訂等服務則依旅店而異。

■衛浴設備

青年旅館與家庭旅店大多提供私人衛浴與公眾衛浴兩種選項，預訂時要留意別訂錯，若選擇帶共用衛浴的房型，要特別注意整潔度、熱水穩定度和出水量等評論。

■旅客實拍照片

比起訂房網的官方照片，Tripadvisor 或部落格中旅客實景拍攝的照片，往往更能真實呈現旅館環境。

▲ 如欲住宿青旅或家庭旅社，最好先確認是否有提供備品

住宿種類

住宿價格不一，可多加比較再決定符合預算的飯店。

　　主要旅遊目的地已具備特色住宿、星級旅館、經濟型旅館、家庭旅店和青年旅社等各級旅宿，可按需求選擇。而非旅遊區則以平價家庭旅館為主，衛生與住宿條件一般，選擇有限。

　　緬甸裝修用心的豪華酒店不少，但若想嘗試真正獨樹一格的體驗，不要錯過仰光的殖民建築、茵萊湖的水上屋和伊洛瓦底江的渡輪。

茵萊湖水上屋

　　水上屋是茵萊湖地區最具特色的住宿方式。蜿蜒棧道串連起一幢幢獨立於湖面上的木樁小屋，被譽為是「緬甸的馬爾地夫」。若嚮往與世無爭的生活，不妨來此隨著日昇月落而作息，享受難得的靜謐體驗。

Paramount Inle Resort

　　位於茵萊湖中心，距娘水碼頭約45分鐘船程。房間使用柚木裝修，設有附躺椅的獨立陽台，空間不算大，卻十分舒適。

✉Nga Phe Chaung Village, Shan State ☎09-4936 0855 ◷24小時；Check-in 14:00，Check-out 12:00 ➡娘水鎮乘船45分鐘 💲USD77起 http www.paramountinleresort.com ℹ飯店提供接駁船，預訂房間時可順便預約接送 MAP P.166

Shwe Inn Tha Floating Resort

　　湖面上的三星酒店，距娘水碼頭約1小時船程。除了裝修舒適的獨棟木屋外，酒店還設置有

花園泳池、Spa中心等公共設施。

✉Thar Lay Village, Shan State ☎09-519 2952, 09-4935 1315 ◷24小時；Check-in 14:00，Check-out 12:00 ➡娘水鎮乘船1小時 💲USD77起 http www.inlefloatingresort.com ℹ娘水鎮上設有辦公室(地址：Strand Street和PhaungDawPyan Street交叉口)，提供免費接駁船 MAP P.166

▲ 若喜歡度假氛圍，到茵萊湖旅遊時建議可以選擇遠離城鎮的水上屋(圖片提供：Shwe Inn Tha Floating Resort)

仰光殖民建築

作為前英國殖民地，仰光留下了眾多殖民時代建築，其中有延續百年的豪華酒店，也有老屋改建的新式旅館。入住其中，感受躍然眼前的仰光百年風華，絕對是難得的住宿體驗。

▲包括喬治歐威爾、吉卜林、英王喬治二世等名人都曾入住The Strand酒店

501 Merchant Bed & Breakfast

1900年代殖民建築改建的青年旅館，雖然床位與家具都已現代化，但鵝黃樓房、木頭地板仍留有舊時氛圍。價格相當親民。

▲501 Merchant Bed & Breakfast即便是床位房也是獨立床鋪，而非上下鋪

✉501 Merchant Road, Yangon ☎09-9649 69501 ◷24小時；Check-in 14:00，Check-out 12:00 ➡蘇雷佛塔步行10分鐘 💲床位USD6起，雙人房USD17起 http www.facebook.com/501merchantbnb ℹ房間數目極少，建議提早預訂 MAP P.133

The Strand

成立於1901年，曾是當年仰光唯一的豪華酒店，旅館大量採用珍貴柚木地板，手工藤編家

▲The Strand外觀

具與黑漆吊扇，保留了濃厚的英式殖民風情。

✉92 Strand Road, Yangon ☎01-243377 ◷24小時；Check-in 14:00，Check-out 12:00 ➡蘇雷佛塔步行10分鐘 💲USD225起 http www.hotelthestrand.com ℹ如欲前往飯店酒吧或咖啡廳，最好穿著smart casual以上服裝，以免失禮 MAP P.133

Belmond Governor's Residence

位於使館區，由總督府邸改建的豪華旅館，柚木傢俱裝修的房間十分優雅，但最迷人的仍是中庭的荷花池，華燈初上之時相當浪漫。

✉35 Taw Win Road, Dagon Township, Yangon ☎01-230 2092 ◷24小時；Check-in 14:00，Check-out 12:00 ➡距市中心約3公里，計程車約 2,000～2,500緬元 💲USD 290起 http www.belmond.com MAP P.132

▲飯店房間(圖片提供：Belmond Governor's Residence)

▲飯店周圍的蓮花池與水池是Belmond Governor's Residence最大特色(圖片提供：Belmond Governor's Residence)

伊洛瓦底江遊輪

如果厭倦了普通的住宿體驗，伊洛瓦底江上有數艘高級酒店集團經營的豪華遊輪。入住布置雅緻的房間，隨著江水順流而下，免去路途奔波與搬遷行李的辛苦，舒適的體驗很受預算充裕的旅行者喜愛。

▲ Paukan Cruises公司經營的伊洛瓦底江渡輪(圖片提供：Paukan Cruises)

▲ 高級郵輪的房間並不比星級酒店遜色(圖片提供：Paukan Cruises)

▲ 船上的用餐環境與餐食品質通常不錯(圖片提供：Pandaw Cruises)

星級旅館

仰光、曼德勒、茵萊湖與蒲甘等地不乏高端住宿，百年建築改建的特色旅宿、豪華的獨棟水上屋、優雅的柚木別墅或舒適的4～5星級旅館任你挑選。這些旅館除了服務用心、環境豪華舒適外，還經常提供有各式配套設施與活動，例如游泳池、健身房、料理課程、免費下午茶等，很適合預算充裕，想要待在旅館悠哉享受假期的旅行者。

▲ The Strand酒店大堂

經濟型旅館

分布於各大城鎮，以簡單乾淨的房間為訴求，屬於中價位選擇。帶冰箱、電視、冷氣等現代化設施的「豪華房」通常比普通房貴 USD10 ～ 15 左右，你可以在訂房網上找到詳細的設施標示。

▲ 當地許多經濟型酒店的房間設施其實很簡單，若在淡季前往，不妨看房後再決定是否預訂

若擔心當地旅館品質良莠不齊，Novotel、Best Western、ibis等全球性的旅館集團也已進駐緬甸，雖然價格略高，但環境與設施皆有保障，適合沒有太多時間詳閱旅館資訊與評價的旅行者。

家庭旅店／民宿

緬甸境內最常見的住宿型態 (在非旅遊區，甚至可能是唯一的住宿選項)，規模與設施因主人的經濟程度而異，通常為 5 ～ 10 個房間不等的 Guesthouse。這類住宿價格實惠，又可以和主人深入互動瞭解當地生活，是很不錯的選項。

受到店主或區域經濟狀況的限制，部分旅店可能缺乏私人衛浴、空調等設施，偏遠地區還可能有停電、限時供電等問題，預訂前記得詳閱相關訊息與評價。

▲ 不少家庭旅館其實裝修很用心，環境也很舒適

青年旅舍

主要分布於觀光區，提供多人共用的床位房，及 2 ～ 4 人的私人房，衛浴則以公用為主，房內帶衛浴的房型數量較少。各家青旅公共設施的條件不盡相同，但大多有寬敞交誼廳、免費 Wi-Fi 和友善熱情的櫃檯，很容易便能和其他旅行者交流訊息、找人分擔包車費用，或是報名便宜的當地套裝行程，對預算有限或是想認識新朋友的旅行者而言，方便又友善。

目前緬甸仍沒有正式加盟國際青年旅社組織 (YHA) 的青旅，但只要是以 Hostel 或 Backpackers 為名的旅店，都能提供類似的設施與服務。

▲ 許多青旅會定時組織交流或文化體驗活動

沙發衝浪

以文化交換為出發點的住宿方式，只要加入 couchsurfing 組織，就能在網站上尋找願意免費接待旅行者的當地居民。住宿地點可能是獨立的房間，也可能是客廳中的一張沙發，端看主人如何安排。雖然沙發衝浪無需花錢，又能跟當地人深入接觸，但仍須顧及基本禮貌，最好準備國內特色禮品或食品做交換。若有時間，也可以烹調台灣當地菜肴與主人分享。為確保安全，入住前務必詳閱沙發主的評價，若寄宿過程感覺狀況不對，也請儘速離開找尋正規旅館。

▲ 入住前請留意住客評價，為個人安全著想，最好避免選擇擁有過多負評的房源

貼心 小提醒

住宿提醒

1. 自備盥洗用品：一般只有3星以上旅店提供盥洗用具，建議自行攜帶。預計入住青年旅館者，
▲ 旅館提供的早餐通常包含麵包、蛋、水果、咖啡或茶
還需自備毛巾與拖鞋，也可以準備眼罩與耳塞避免干擾。

2. 索取名片：Check-In時向飯店索取名片，以便回程攔車或問路時使用，遇上緊急狀況也可撥打飯店電話求救。

3. 隨身攜帶重要物品：現金與護照等重要物品務必隨身攜帶。若住宿青年旅館，最好自備鎖頭，不是所有旅館都提供上鎖櫃位。

4. 自備飲水：自來水不能生飲，請自備礦泉水。

5. 免費早餐：緬甸住宿大多提供免費早餐，入住時不妨有禮的詢問。

6. 晾衣禁忌：當地對女子傳統服飾「特敏」與女性衣物有所忌諱，不要掛在高過人頭的位置。

如何預訂旅館

網路預約飯店快速又方便。

　　緬甸多數旅館都已加入國際性的線上訂房網站，只需透過網頁完成預訂，帶上訂房紀錄，就能在抵達旅館後輕鬆辦理入住。

推薦訂房網站

　　各大訂房網站多提供有中文介面與手機 App，使用起來相當簡單。

TripAdvisor

　　國際性的評價網站，提供旅客入住後的真實心得與照片。網站和數百個訂房網連接，包括國人常用的 Booking.com、Agoda、Hotels.com 等，在站上完成比價後可直接連接至訂房網訂房，相當方便。

http www.tripadvisor.com.tw

Airbnb

　　主要針對民宿營運，可以找到一些具特色的公寓等。不過目前在緬甸的房源仍相當有限，只有在仰光和曼德勒較實用。

http www.airbnb.com.tw

Couchsurfing

　　沙發衝浪，以文化交流為目的的換宿網站，可協助媒合有意願接待外國遊客的當地人。

http www.couchsurfing.com

線上訂房網站

包括Booking.com、Agoda、Hotels.com、Hostelworlds.com、Expedia等都是很有規模的線上訂房系統，若有習慣使用的網站建議註冊會員，通常累積多筆訂單後將能得到專屬優惠。

國內旅行社

例如易遊網、易飛網、雄獅等，若預計入住高級旅館，可參考網站的航空假期專區，通常一次訂購機票加酒店會有特殊優惠價格。

網路訂房教學

以下以TripAdvisor搭配訂房網為例，若有習慣使用之線上訂房網站，也可直接前往該網站閱讀評論並預訂。

 Step 1 輸入城市與日期

前往TripAdvisor的網頁或App，選擇「飯店」分項，輸入預計前往的城市、日期和旅客人數。

選擇「飯店」分項 ‧ 最低價格。　點選「尋找飯店」

依序輸入目的地城市、入住日期、房客數目

 Step 2 瀏覽飯店列表

網站會列出城市內所有飯店，可透過左側設定過濾條件，或是透過上方列更改排序方式，以便快速找到符合心意的酒店

設定篩選條件　　點選查看詳情，進入飯店頁面

設定排序方式

Step 3 詳閱飯店評價

閱讀來自全球旅客的評價,具體參考項目可參見如何選擇酒店章節。

Step 4 選擇喜歡的飯店與訂房網站

決定喜歡的飯店並瀏覽各大訂房網價格後,便可依照習慣點選較便宜或慣用的網頁前往訂房。此處以Booking.com為例。

Step 5 前往訂房網站訂房

開啟Booking.com頁面後,所選飯店通常會位於最上方,點選後便可開始進行訂房流程。

Step 6 確認價格與設施

詳閱頁面中的服務、設施與服務項目,確認是否包含早餐、價格是否含稅和服務費、是否提供你需要的服務等。最後記得確認付款方式與取消規定。

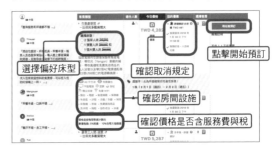

Step 7 確認預訂訊息並填寫資料

再度確認預訂日期、房型、價格是否正確,之後便可填寫個人資料。除了部分不可退款房型外,多數酒店的信用卡資料都僅作擔保用,房費則是抵達旅館後現金支付。

Step 8 儲存訂房確認函

完成預訂後,網站會自動將確認函寄至你的電子信箱,並同步出現於訂房網App上。若未下載相關App,建議將該確認函截圖存至手機備查。抵達旅館後原則上只要出示護照便可入住。

緬甸文
指指點點
住宿篇

ဟိုတယ်	တည်းခိုခန်း
酒店	客棧

တစ်ယောက်အိပ်ခန်း	နှစ်ယောက်ခန်း
單人房	雙人大床房

ခုတင်နှစ်လုံးပါတဲ့အခန်း	ရေချိုးခန်းပါတဲ့အခန်း	ရေနွေး
雙人雙床房	套房(附浴室的)	熱水

မျက်နှာသုပ်ပုဝါ	ခေါင်းအုံး	အိမ်သာသုံးစက္ကူ
浴巾	枕頭	衛生紙

အဝတ်အစားလျှော်	စောင်	ဆံပင်အခြောက်ခံစက်
洗衣服	毯子	吹風機

အိပ်ရာခင်း	သွားပွတ်တံ	သွားတိုက်ဆေး
被單	牙刷	牙膏

ဆပ်ပြာ	လိပ်စာကတ်	ပျက်နေ
肥皂	名片	壞了／損壞

ဒီမှာအခန်းလွတ်ရှိသလား	အခန်းကိုအရင်ကြည့်ချင်ပါတယ်
還有空房嗎？	我想先看看房間

တစ်ရက်ကိုဘယ်လောက်လဲ	ကျွန်တော်အခန်းတစ်ခန်းမှာချင်ပါတယ်
每晚多少錢？	我要預訂一間房

ငါနေရာကြိုယူပြီးပြီ	မနက်စာပါလား	ကျွန်ပ်မနက်ဖြန်ပြန်မယ်
我已經預訂了	包含早餐嗎？	我明天離開

ကျွန်ပ်ဈေးသက်သာတဲ့အခန်းလိုချင်ပါတယ်
我想要便宜一點的房間

ခမနက်စာဘယ်အချိန်လောက်စားနိုင်သလဲ
早餐幾點吃？

ငါအထုပ်တွေကိုဒီမှာထားလို့ရမလား
我能寄放行李嗎？

飲食篇
Gourmet

在緬甸，吃什麼道地美食？

緬甸不是一個以美食聞名的國度，但當地特色料理仍舊不少。鑽入巷弄中的餐館與
夜市，坐上街頭攤販的座椅，讓緬式咖哩、魚湯麵等代表性美食填飽肚皮，再點上
沙拉與果汁去油解膩。最後，別忘了到茶室喝一杯香甜奶茶做結尾。

緬甸飲食文化

受雲南、泰國與印度菜影響，料理多元紛呈、食材豐富。

豐富的少數民族，與多國接壤的地理位置，緬甸料理註定多元紛呈。整體而言，緬甸飲食受中國雲南、泰國與印度菜影響較大，口味融合酸、辣、鹹、油、香多種風味，並經常使用魚露、蝦醬、檸檬、薑黃等香料調味。烹調方式則以炸、烤、涼拌、炒以及咖哩最常見。

進一步細分，北部曼德勒與茵萊湖一帶以撣族料理為主，常見芝麻與豆類入菜，口味更重；南部如仰光至毛淡棉則偏酸，有著多樣化的咖哩；至於西部若開邦的菜肴則以辛辣著稱。在大小城鎮中，亦有為數不少的中餐館與印度菜館可供選擇。

而臨海多河、平原廣布也帶來了多樣的食材，緬甸人正餐多以大米為主食，小攤販、茶館則多見各式麵食。菜肴部分，牛、雞、鴨、豬、蔬菜和海鮮都很常見，不管是蔬食還是肉類擁護者，都能在此找到合適的選項。

▲路邊攤是緬甸飲食精華之一，不過得小心別吃壞肚子

▲撣族麵條

▲當地人仍習慣在傳統市場採買食材

吃素怎麼辦

作為盛產蔬果的虔誠佛教國家，緬甸對素食者相當友善。幾乎每家餐廳都有2道以上沒有肉的菜肴，在城市裡要找到純素餐廳也不是難事。只要在點餐時使用「သက်သတ်လွတ် Tha-Ta-lo」(意為「不要有生物」)這個單字，便可以輕易的傳達茹素的需求。

飲食篇

用餐須知

用餐前可以先斟酌店家衛生狀況，再決定是否要享用喔！

　　緬甸人用餐極為隨性，沒有太多規矩與限制，挑選好心儀的餐館與菜色後，便可安心的大快朵頤喔！

用餐步驟

　　緬甸用餐步驟和台灣相去不遠，除了正式餐廳由服務生帶位外，其餘小餐館大多是看到空位便自行入座。接著按餐廳種類不同，可能看菜單點菜，也可能直接到櫃檯前手指菜色點餐。

　　緬甸人沒有分食的習慣，除了附贈的小菜是全桌共享外，主菜與湯品都是各點各的。用餐完畢後，可招手示意服務生送來帳單並結帳（部分小餐館可能需持帳單至櫃檯付款）。當地沒有小費文化，但若覺得對方服務不錯，建議可以將找回的零錢給予服務員以表達感謝。

▲家庭式小餐館有時得自行前往櫃檯結帳

行家祕技

免費熱茶

　　緬甸的餐廳與茶室多會在桌上擺放免費的綠茶。對於經常被批評「不熱」、「太油」、「太鹹」的緬甸菜來說，這些茶飲具有極好的去油解膩效果。若水瓶空了，可直接請服務生協助補充。

　　當地自來水不可飲用，若想喝白開水則需要自行加點瓶裝礦泉水。

▲部分緬甸餐廳可直接至櫃檯點菜

看懂菜單與收據

　　除非選擇的是異國料理，或是針對觀光客營業的餐館，否則緬甸的菜單大多相當簡單，傳統小餐館的菜單甚至經常只有1～2頁，熱門觀光區又大多附有英文對照或圖片，點菜並不困難。

　　若在小市鎮遇上沒有英文菜單(或是根本沒有菜單)的情況，可以直接請服務生推薦。若對方不擅英文，他可能會直接帶你去廚房點菜，或者你也可以要求跟隔壁桌同樣的菜色。

▲ 緬甸觀光區的餐廳大多會提供附有英文或圖片的菜單

看懂收據

　　緬甸餐廳大多不提供帳單，但付帳後會取得收據。收據大小與樣式依店家而異，但大多包含店家資訊、品項和價格等基本訊息。

▲ 部分傳統餐廳仍使用手寫收據

Ⓐ 商業稅印花標示
Ⓑ 餐廳資訊
Ⓒ 餐點品名
Ⓓ 稅值
Ⓔ 服務費
Ⓕ 舍入調整
　（去除無法支付的零頭）
Ⓖ 應支付之總金額

用餐時間

　　緬甸人的用餐時間相當彈性，餐館也大多全天營業，基本不需要預約。

■ **早餐**：06:00～08:00間，緬甸的飯店大多提供免費早餐，常見的內容包括麵包、蛋、奶茶和水果，有時也會有一些當地小吃。當地人則習慣吃Mohinga或上茶館吃早茶。

■ **午餐**：12:00前後，當地人通常會在路邊小攤子或茶館隨意解決，也有很多人會帶便當盒到路邊小販外帶午餐。

■ **晚餐**：18:00～20:00左右，包括到小餐館吃咖哩、到啤酒館吃烤肉都是很受歡迎的選項，許多城市還有熱鬧的夜市可逛。

■ **其他**：茶室通常分作06:00～16:00的早茶室，和16:00～23:00左右的晚茶室。從早到晚，你都能見到成群的緬甸人在裡頭喝茶閒聊。

▲ 即便是青旅或民宿，早餐也都會附上蛋與水果

▲ 許多緬甸人的一天就由茶館早茶開始

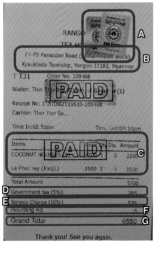

緬甸必嘗美食

咖哩是緬甸料理的核心，無論去的是哪間餐館、想吃的是何種肉類，緬式咖哩都鮮少缺席，而各式涼拌沙拉則是替咖哩去油解膩的最佳良伴。除此之外，各種酸辣口味的乾麵、湯麵，豐富多樣的街頭食品，以及茶室的炸物與甜點同樣錯過可惜！

緬甸料理

緬甸料理似乎總是毀譽參半──部分人吃不慣它的重油、重鹹與常溫；另一部分人則愛極其豐富多樣的滋味。至於你是哪派人，恐怕得試了才知道！可以安心的是，緬甸菜口味雖重，辣度倒是相對溫和，並不會逼得人直冒汗(嗜辣者可另外添加桌上的辣椒醬)。此外，當地菜看經常是一份主菜搭配數樣免費小菜、醬料，桌面看似豐富，卻是一個人也能輕鬆吃完的分量，即便是獨行背包客也不必擔心。

緬式咖哩(Curry ဟင်း)

緬式咖哩通常混合了辣椒、薑黃根、姜、大蒜、洋蔥與蝦醬等食材，並透過大量的油提引出鮮香滋味。每家店的口味不盡相同，但都會配上眾多可免費續加的小菜一起食用。

行家密技　咖哩套餐

在緬甸吃咖哩，永遠會配著小菜一起吃。你只需點選主菜，包括帶酸味的湯、蔬菜(生食或水煮)、豆泥、1～2種蘸醬(包括蝦醬、油炸辣椒醬等)和作為甜品的棕櫚糖等，小菜便會跟著魚貫送上。雖然每間餐廳附上的小菜品項略有差異，但口味都十分重鹹、香辣。

▲咖哩附贈的蔬菜

◀吃完緬式咖哩後，店家通常會送上棕櫚糖，當餐後點心

撣式米飯(Nga Htamin ထမင်းချဉ်)

緬語意為魚飯，是薑黃飯混合了魚肉，淋上蒜油而成的料理，經常和韭菜根、生蒜瓣一起食用，口味鮮香美味。

茶葉沙拉(Laphet Thohk လက်ဖက်သုတ်)

將醃製過的發酵茶葉與芝麻、炸豌豆、番茄、花生、高麗菜絲等食材相混合，再淋上蒜油，加入辣椒，是當地最出名的料理之一。不過由於口味特殊，在旅行者中評價兩極。

炒飯 (Ta Min Kyaw ကြော်ဆန်)、炒麵(Kaung Sway Kyaw ကြော် ခေါက်ဆ)

和台灣的炒飯、炒麵類似，只是更油、口味更重一些。在車站附近的小餐館非常常見，很受當地人喜愛。通常同一口味會有炒飯、普通麵條和米粉等多種選擇。

豆腐麵 (Tofu Nwe တို့ဟူးနွေး)

緬語意為「溫豆腐」，但實際上跟豆腐一點關係都沒有。食材與食用方式類似撣族湯麵，只是清湯換成了鷹嘴豆做成的濃稠粥品。

撣族湯麵 (Shan khauk swe ရှမ်းခေါက်ဆွဲ)

著名撣族菜肴，蔬菜燉煮的清湯加入雲南粑粑絲和醃製肉塊，可搭配辣椒油、醃菜一起食用。口味溫和清爽，在重口味的緬甸十分難得。也有乾麵。

豆腐(To hpu တိုဟူး)

撣邦常見的食物，以鷹嘴豆製成，口感極有彈性，和台灣豆腐大不相同。經常被做成沙拉或油炸後沾辣醬食用。

椰汁雞麵 (Ohn no khao swe အုန်းနို့ခေါက်ဆွဲ)

由椰奶、咖哩、雞肉絲共同烹煮出的湯麵，通常搭配辣椒油、洋蔥酥、炸物、檸檬汁和魚露一起使用。鮮香濃郁的椰奶口味非常開胃。

緬甸涼麵 (Nan Gyi Thoke နန်းကြီးသုပ်)

緬甸傳統小吃，米苔目拌入雞肉咖哩、水煮蛋、酥脆炸物、新鮮洋蔥與檸檬，清爽又開胃，很適合在炎熱的中午享用。在茶館和街邊小販也常能見到。

烤肉 (Barbecue အသားကင်)

緬甸啤酒館常見的下酒菜，和台灣烤肉大同小異。可以淋上檸檬汁一起食用。

魚湯麵(Mohinga မုန့်ဟင်းခါး)

緬甸國民美食。以去骨魚肉熬煮的湯頭搭配米粉，加入香茅、黃薑粉、魚露、洋蔥、芭蕉樹心等提味而成，味道鮮美。無論是正式餐廳、茶館或是路邊小攤都能見到它的身影。

行家祕技 ── **魚湯麵怎麼吃**

湯麵上桌後，按照個人喜好加入檸檬汁、辣椒粉與香菜調味，吃起來更美味。

街頭食品

走在緬甸街頭，很難不被街邊飄散香味的攤販吸引。這些營業時間不定的小攤可能是一個扁擔、一台推車，也可能是擺滿地的調料與食材。看上了眼，小凳子一拉，手指稍加比劃，一道道美味的街頭小吃便送至眼前。有些城市還有夜市，可以將各式美味一網打盡。不過攤販衛生良莠不齊，若想大快朵頤，帶上腸胃藥會比較保險。

炸素菜(A Kyaw Sone အကြော်စုံ)

緬甸炸物的種類五花八門，其中又以素菜最多。在炸物攤中，你能找到炸得金黃酥脆的洋蔥、馬鈴薯、豆子與油條，但人氣最高的仍是炸葫蘆和玉米餅。

滷豬雜(Wet Thar Dote Htoe ဝက်သားတုတ်ထိုး)

類似台灣的滷味，大鍋裡放滿以竹籤串著的滷煮豬肉塊、豬頭皮、豬內臟……蘸著特製甜醬食用。想吃什麼自己拿，最後依籤子數目算錢。滷豬雜美味，但其沾醬多是共用、鮮少更換，若腸胃不佳不建議挑戰。

涼拌青芒果(Thayet Chin Thoke သရက်ခြဲသုပ်)

青芒果混合乾蝦米、洋蔥、油炸大蒜、花生，淋上魚露、檸檬汁和辣椒。口味清涼酸甜，相當消暑。除了芒果，也有涼拌青木瓜、涼拌綠番茄或米線的攤位。

緬式薄餅(Mont Pyar Thalet မုန့်ပြားသလက်)

將米粉調製的麵糊放在平底鍋上煎至香脆。想吃甜的就加紅糖和椰絲；想吃鹹的就加豆芽和香菜，也可以加價添加番茄或蛋。有厚的和薄的兩種可選。

夫妻餅(Mont Lin Ma Yar မုန့်လင်မယား)

因為每個餅都是由兩個半圓組成而得名。主要材料是米粉漿與黃豆，有時也會加入鵪鶉蛋與番茄。口感外酥內軟，深受當地人喜愛。夫妻餅個頭極小，通常3～5個一起販售。

飲食篇

點心與飲品

緬甸的甜食相當簡單,通常不過是一些棕櫚糖、椰蓉、糯米或水果。不過作為曾經的英國殖民地,緬甸至今仍承襲著飲用奶茶的習慣。到茶室悠閒的享用一杯熱奶茶搭配炸物或點心,絕對是最「道地」的緬甸體驗之一。

啤酒 (Beer ဘီယာ)

除了國際品牌,不妨也嘗嘗緬甸當地啤酒,Myanmar、Mandalay、Dagon和Skol都是當地頗受好評的品牌。

緬式奶茶(Lahpetyei Gyo လက်ဖက်ရည်ချို)

緬甸奶茶是由錫蘭紅茶加入煉乳調配而成的熱奶茶,通常很小一杯,口味偏甜。不嗜甜者可要求少放點煉乳。

果汁 (Juice သစ်သီးရည်)

甘蔗汁和椰子汁最常見,在炎熱的中午喝上一杯再舒適不過。不過路邊果汁攤的衛生狀況未必理想,購買前最好多觀察。

印度烤餅 (Nan နံပြား)

茶館常見的點心,以木炭烘烤,充滿彈性與嚼勁。想吃甜的可加入砂糖或奶油,鹹食則大多搭配豆泥或咖哩。

煎餅 (Palata ပလာတာ)

茶館常見的點心,由堆疊的麵團煎製而成,通常加入奶油、煉乳或果醬一起食用。也有加入香蕉、草莓等水果的豪華版本。若喜歡鹹食,可以選擇加蛋和豆泥。

緬甸鬆糕(Sanwin Makin ဆန္နင်းမကင်း)

以粗粒小麥粉混合椰子奶油一起烘烤而成,口感扎實,最上面經常撒上罌粟籽,是緬甸常見的飯後甜點。

印度三角餅 (Samosa ဆမူဆာ)

來自印度的點心,是茶館中常見的鹹食,炸得酥脆的外皮中包有濃郁咖哩、馬鈴薯和蔬菜。

水果

草莓、紅毛丹、葡萄、榴槤、木瓜、芒果、鳳梨、椰子、芭蕉、山竹……緬甸市場中的水果多樣又便宜,值得嘗試。

餐廳種類

餐廳總類繁多，挑選一間祭祭你的五臟廟吧！

在仰光、曼德勒、茵萊湖、蒲甘等熱門旅遊目的地，餐廳種類相對多元，包括景觀餐廳、異國餐館、中餐館都很常見；在一些較小的市鎮，則是以當地人也經常拜訪的咖哩餐館、路邊攤與茶室為主。

一般餐館

以販售咖哩為主的小餐館在緬甸很常見，它們通常裝修簡單，直接看著櫃檯點菜，只要1,500～2,500緬元就能飽餐一頓。此外，販售炒飯、炒麵為主的中餐館也很普遍。一般來說含肉類的炒飯約1,200緬元起。

在熱門觀光區域，則有許多裝置更雅緻，甚至是以販售Pizza、泰國菜或西式食物為主的異國餐館，這類餐廳一道菜約2,500～3,000緬元起。至於帶花園或景觀的餐廳價格則更貴一些。

▲即便是帶景觀的餐廳，以台灣物價來說仍不算貴

▲緬甸有不少以販售咖哩為主的小餐館，環境簡單但價格實惠

▲觀光區有不少針對遊客，裝修與擺盤都很用心的餐館

999 Shan Noodle Shop

自1978年便開始營運的仰光人氣撣族餐館，狹小店鋪在用餐時段經常座無虛席，包括撣族湯麵、撣族乾麵、撣族米飯和豆腐都是人氣餐點。

✉ No.130/B, 34 Street, Kyauktada Township, Yangon 📞 01-389363 🕐 每天06:00～19:00 💲 每人約2,000～4,000緬元 ➡ 蘇雷佛塔步行5分鐘 http www.facebook.com/999ShanNoodle MAP P.133

▲撣族麵條是999 Shan Noodle Shop的招牌餐飲，價格1,900緬元

▲999 Shan Noodle Shop店面小巧

Sarahba III / Gyi Gyi's

深受蒲甘當地人與遊客喜愛的咖哩餐館，緊鄰達亞巴門的店鋪由棚架搭成、無明顯招牌，但只要跟著人潮走準

▲各式咖哩是Gyi Gyi's的招牌菜色

沒錯。若想向當地人問路，比起正式名稱Sarahba III，老闆的名字Gyi Gyi更實用。

✉ 緊鄰Bagan-Nyaung U Road，就在舊蒲甘達亞巴門外 🕐 06:00～18:00 💲 每人3,000～4,000緬元 ➡ 由娘烏鎮騎E-bike約15分鐘 ❓ 餐廳座落於露天棚架內，少不了蒼蠅的騷擾，若介意環境衛生，建議選擇其他餐廳 MAP P.156

Linn Htat Myanmar Food

位於娘水鎮上的傳統餐館，僅供應數種不同食材的咖哩、沙拉和飲品。咖哩調味不錯，但口味偏重，建議點果汁或啤酒搭配。顧客以觀光客居多，若在晚餐時段前往，得有排隊候位的心理準備。

✉ Yone Gyi Road和Mingalar Ashae St交叉口, Nyaung Shwe 📞 09-4680 40182 🕐 10:30～21:30 💲 每人3,500～4,500緬元 ➡ 娘水鎮中心，步行可達 MAP P.167

▲Linn Htat Myanmar Food主要供應牛肉、雞肉、羊肉、蔬菜等各種不同食材的咖哩

▲Linn Htat Myanmar Food內部

茶室

受到英國殖民歷史影響，緬甸不管是大城或小鎮都有著林立的茶室。它可能是豪華飯店附設的高級下午茶，

▲傳統茶室是緬甸重要的社交場所

也可能是路邊小攤位，或是鐵皮搭著的簡易小屋。這些茶室是緬甸最熱門的交際場所，各個時段總是人滿為患。

貼心 小提醒

三合一咖啡

咖啡愛好者到了緬甸或許會有點失望。除了仰光、曼德勒和幾個咖啡產區有幾間西式咖啡館供應「真正的咖啡」之外，緬甸茶室所謂的咖啡全是由三合一即溶包沖泡而成，請大家放寬心體驗當地的飲食文化。

RANGOON Tea House

由殖民建築改建，仰光最為時髦的新式茶室。簡潔雅緻的室內裝修，與少鹽、少添加的改良料理頗受好評，曾被多家外國媒體報導，特地來此打卡朝聖的旅行者不在少數。

✉77-79 Pansodan Rd (Lower Middle Block), Yangon ☎09-9790 78681 ◷週日～四07:00～22:00，週五、週六07:00～24:00 💲每人5,000～9,000緬元 ➡蘇雷佛塔步行6分鐘 http www.facebook.com/RangoonTeaHouse/ MAP P.133

◀RANGOON Tea House也能吃到傳統魚湯麵

Min Thi Ha Tea Shop

曼德勒老牌茶室，環境與桌椅有些簡陋，但食物便宜又美味，顧客多為緬甸當地人。服務生不會說英文，但桌上有簡單的英文菜單可手指點餐。推薦餐點包括緬甸奶茶、煎餅、緬甸涼麵和魚湯麵。

▲煎餅與緬甸奶茶是緬甸茶室的基本菜色

✉72nd Street和28th Street交叉口 ☎02-33960 ◷05:00～17:00 💲每人300～700緬元 ➡距離皇宮約6公里，騎機車約15～20分鐘 ❓店內無冷氣，怕熱者建議避開中午時段前往 MAP P.144

豆知識

緬甸茶室文化

雖然殖民時代已過去百餘年，但緬甸的茶室文化卻從未斷絕。這些茶室是緬甸最重要的生活場所，不論是朋友聚會、交際應酬、談生意、看球賽，甚至相親、約會，茶室都是最熱門的地點。在軍政府時代，茶室還因此成為間諜猖獗的場所。

進入茶室後，當地人通常只會點上一杯熱奶茶和數樣點心，之後就續喝桌上的免費熱茶，天南地北的聊上數小時。根據營業者的不同，茶室供應的餐點也不盡相同。除了必備的奶茶、咖啡之外，緬族人經營的複合式茶館通常提供簡單的麵食；印度人經營的茶館則大多提供各式炸物；華人經營的店鋪則會有較多的甜品或小茶點。部分茶館的點心是入座時便直接擺在桌上的，若不想付費不要觸碰即可，結帳時服務生會清點食用數量來收費。

啤酒攤

通常包含室內座和露天座，販售燒烤和一些簡單的食物，是緬甸人夜間主要的飲酒與應酬場所。依照餐廳環境不同，一瓶啤酒從1,500～3,000緬元不等。要找到這類啤酒攤很簡單，只要循著街上瀰漫的燒烤煙霧走就可以了。

▲緬甸啤酒攤通常會供應燒烤下酒，是頗受當地人喜愛的飲酒場所

仰光燒烤街19th Street

19街是仰光著名的燒烤街，沿街遍布數十間燒烤店與街頭攤販，許多緬甸人下班後都會來此暢飲緬甸啤酒與大啖燒烤。街道上的店鋪價格與品質差異不大，挑間順眼的進去就對了。

✉19th Street (Mahabandoola Rd和Anawrahta Rd之間), Yangon ⏰約17:00～23:00 💲啤酒800緬元，每人約4,000～7,000緬元 ➡蘇雷佛塔步行15～20分鐘

▲可直接由櫃中挑選燒烤食材，不必擔心溝通問題

路邊攤與夜市

或許是緬甸最便宜且迷人的用餐體驗，數量繁多的烤肉、麵食、薄餅、甜點、水果與涼拌菜攤位一字排開，只要幾百緬元就能品嘗各式美食。可惜的是，這些路邊攤位的衛生仍有相當大的改善空間，在嘗鮮之前，最好確保自己的腸胃夠健壯或攜帶有足夠的腸胃藥。

▲倘若腸胃健壯，在路邊攤用餐便宜又美味

蒙育瓦夜市Monywa Night Market

座落於蒙育瓦市中心的小型夜市，入夜後人聲鼎沸，販售物品由美食到雜貨一應俱全。

✉Bogyoke Road ⏰17:00～22:30 💲1,000～2,000緬元 ➡位於蒙育瓦市中心，由多數旅館步行可達。由市區乘摩托計程車不超過500緬元 ❓夜市美食雖吸引人，但衛生沒有保障，若想嘗試建議先備好腸胃藥

▲蒙育瓦市中心設有夜市，裡頭不乏各式美食攤販

速食店／連鎖店

隨著改革開放，肯德基等跨國連鎖品牌，已正式進駐仰光與曼德勒等大城市，雖然少了驚喜與樂趣，但若吃不慣重口味的緬甸菜，倒不失為一個安全的選項。

▲緬甸的肯德基除炸雞外，也販售白飯

CP FIVE STAR

當地常見的速食連鎖品牌，店鋪遍及仰光、大金石、曼德勒、彬烏倫、東枝等各大城鎮，通常為簡單的外帶攤位，提供炸雞、烤雞與丸子、茄子等各式炸物與免費的甜辣醬。

🕒約09:00～17:00 💲800～1,500緬元 http www.facebook.com/CPMyanmarKitchen/ ❓通常只能外帶，無內用座位

▲喜歡軟嫩口感的人建議選擇肯德基；喜歡肉質偏硬的人則可以試試CP FIVE STAR

▲CP FIVE STAR在緬甸相當常見

商場美食街

如果擔心衛生問題，或不知去哪用餐，大型商場的美食街不失為一個好選項。例如仰光Junction City的美食街就

▲商場美食街既乾淨又有許多選擇

有許多緬甸、泰國甚至國際連鎖品牌的餐廳，在這裡不用揮汗就能品嘗地道美食，選擇也相當多元，解決三餐都不成問題。部分美食街不接受現金，點餐前需先儲值餐卡，沒用完的金額可於當日返回櫃檯辦理退款。

Junction City美食街

位於翁山市場對面的Junction City是很受歡迎的新式商場。餐飲選擇眾多，衛生也有所保障，是很不錯的用餐地點。

📧Bogyoke Aung San Road 和 Shwedagaon Pagoda Road交叉口，Yangon 📞01-9253800 🕒10:00～22:00 💲2,500～4,500緬元 ➡翁山市場步行2分鐘 http www.junctioncityyangon.com ❓美食街不收現金，點餐前需至櫃檯購買儲值卡並加值，未花完之費用與押金可於當天返回櫃檯退費 MAP P.133

▲Junction City美食街寬敞明亮

飲食篇

緬甸料理烹飪課

從市場到餐桌，徹底認識緬甸美食。

　　如果喜歡緬甸菜的味道，或是對烹飪感興趣，不妨親自下廚動手做！包括仰光、茵萊湖、蒲甘等區域都有數間提供烹飪課程的學校，課程通常由前往市場認識食材開始，接著回到教室由老師帶著學員親手烹飪，最後再一起享用完成的餐點。

　　課程大多包含前菜、主菜與甜點等3～4道菜肴，時間則從3小時到半天不等。若喜歡有條理且設備齊全的環境，建議報名仰光的課程；嚮往自然與悠閒的教學氣氛，則建議到蒲甘、茵萊湖等地學習。

仰光 Three Good Spoons

　　前美國大使館廚師開設的廚藝教室。小班制教學，老師熱情而友善。包括市場參觀的價格為40,000緬元，單純的廚藝課則為35,000緬元。

✉ Level 2/102A Dhammazedi Road, Bahan Township, Yangon 📞09-7697 07175，09-2543 34763 🕐依課程而定 💲35,000～40,000緬元 ➡蘇雷佛塔乘計程車約15分鐘，2,600緬元；仰光大金塔步行約20分鐘 🌐www.threegoodspoons.com MAP P.132

▲Three Good Spoons藏身在普通大樓裡，若不知如何向計程車司機描述，可撥打電話請服務人員代為溝通

▲料理課多由專業廚師以英文講解

▼▶前往當地市場採購、認識食材是參與廚藝教室的一大樂趣

▲Three Good Spoons教室不大，但頗為乾淨

茵萊湖Bamboo Delight

一對夫妻經營的烹飪教室，沒有固定食譜，可自由選擇想學習的料理。課程費用的15%將用來改善當地孩童的教育。僅有上午場包含參觀市場行程，下午場則直接由烹飪開始。

✉6/261, Nandawunn (6) Qtr, Nyaung Shwe, Inle, ☎09-410 10433，09-4283 45261 ◎上午場09:00～13:00，下午場17:00～20:00 💲20,000緬元 ➡位於娘水鎮上，步行可達 http www. bamboodelight.wordpress.com MAP P.167

▲料理成品——撣族乾麵(圖片來源：Inle Heritage)

▲剛採摘的新鮮食材(圖片來源：Inle Heritage)

茵萊湖Inle Heritage

非營利組織Inle Heritage組織的烹飪課程，主要教授撣邦料理，教室環境清幽。最大特色是可以到機構的有機農園採摘食材，課程費用將用以支持機構的營運。

✉Innpawkhon Village, Shan State ☎09-4931 2970，09-528 1035 ◎依課程而定 💲USD70～100(依課程人數而定) ➡距娘水鎮約29公里，建議於包船遊覽時順道前往或報名含接送的行程 http www.inleheritage.org/en/home MAP P.166

▲料理成品——炸青蔥(圖片來源：Inle Heritage)

▲有機菜園是Inle Heritage料理課的最大特色(圖片來源：Inle Heritage)

緬甸文
指指點點
飲食篇

စါးသောက်ဆိုင် 餐廳	လက်ဖက်ရည်ဆိုင် 茶室

ကော်ဖီဆိုင် 咖啡廳	အရက်ဆိုင် 酒吧	တူ 筷子	ခရင်း 叉子
ဒါး 刀子	ခွက် 杯子	မနက်စာ 早餐	နေ့လည်စာ 午餐
ညနေစာ 晚餐	အဆာပြေစား 零食／小吃	သောက်စရာ 飲料	ထမင်း 白飯
ခေါက်ဆွဲ 麵	ဟင်းချို 湯	အမဲသား 牛肉	ဝက်သား 豬肉
ကြက်သား 雞肉	ဥ 雞蛋	ငါး 魚肉	ဆီပြန် 咖哩

ဟင်းသီးဟင်းရွက် 蔬菜	အသီးအနံ 水果	လာဘက်ရည် 茶
နွားနို့ 牛奶	ကော်ဖီ 咖啡	ရေ 水	သကြား 糖

ရေခဲ 冰塊	ဘီယာ 啤酒	စပ်သော 辣	ပူ / အေး 熱 / 冷

ဆား လျှော့ 少鹽	ဆီ လျှော့ 少油	ကျွန်ပ်ကြိုပြီးမှာထားတာရှိပါတယ် 我之前有訂位

နင်ဒီနားကကောင်းတဲ့စားသောက်ဆိုင်ကိုပြောပြပါလား 可以介紹一間附近的好餐廳嗎？

ကျွန်ပ်တို့အမြန်လိုချင်တယ် 我們趕時間	မီချူးလေးရနိုင်မလား 請給我菜單

နင်ဟင်းပွဲတစ်ပွဲလောက်ပြောပေးပါလား 你有推薦的菜嗎？	သက်သတ်လွတ်စားစရာရှိလား 這裡有素食菜肴嗎？

購物篇
Shopping

在緬甸，哪裡好逛？買什麼紀念品？

緬甸購物的價格相當合理，品質優良的產品也不少。從珍貴的玉石珠寶、蓮藕絲織
品到設計精美的手工藝品，再到當地的傳統服飾與用品，每一樣都是值得收藏的伴
手禮。趕緊鑽進當地市場或攤販享受淘寶的樂趣吧！

緬甸
特色紀念品

緬甸紀念品不算豐富,但相當具有當地特色,其中又以高品質的玉石與精緻的手工藝品最為出名。當地的傳統服飾、超市販售的奶茶包、咖啡等特產也都是物美價廉、送禮自用兩相宜的伴手禮品。

傳統服飾與飾品

隆基、特敏

緬甸人的傳統服飾,類似筒裙。男款稱為隆基,多為現成品,基本款價格約4,000～6,000緬元;女款則稱為特敏,大多需要選擇布料後裁縫,除了基本款,也可選擇做成針對觀光客改良後更容易穿著的綁帶形式,價格約6,000～10,000緬元,裁縫費1,000緬元/件。

推薦購買地點:各地市集與市場

唐納卡

樹幹加水研磨而成的黃色粉末,當地人通常將其塗抹於臉上或手臂上,用以防曬。除了樹枝與石磨組合、現成粉末外,也有加工好的保養產品。

推薦購買地點:各地市集、景區、超市

Souvenir of Myanmar

Myanmar Traditional
Shwebo Minthamee Thanakha and Kyauk Pyin

民族風包包與服飾

蓮藕絲織品

茵萊湖地區特有的紡織品,由蓮花梗的纖維製成,質地舒服、冬暖夏涼。但由於全由手工製造,價格不算便宜。

推薦購買地點:茵萊湖上的手工作坊

雖不是傳統工藝品,但當地民族風包包與服飾花色多樣、價格便宜,若遇上喜歡花色可以購買。小包包和長褲約3,000～5,000緬元。

推薦購買地點:各大景點、市集與傳統市場

緬甸礦產豐富,玉石、翡翠名聞遐邇,抹谷(Mogok)的紅寶石更占了世界90%以上的產量。除了飾品外,玉象、玉佛、玉壺等雕飾與擺設也很常見。

推薦購買地點:仰光翁山市場、仰光寶石博物館、曼德勒的玉石市場

玉石與珠寶

💙 貼心 小提醒

玉石選購注意事項

緬甸的玉石與珠寶選擇多元、價格相對低廉,但這些玉石珠寶品質良莠不齊,若有選購高價玉石、珠寶的需求,最好確保自己有足夠的相關知識再下手購買。購買時也請記得貨比三家,並適當殺價。

傳統手工藝品

漆器是緬甸最著名的傳統工藝品之一，歷史可追溯至11世紀，由竹子編織的器皿反覆覆上漆、拋光、繪飾而成，種類繁多，但以日用品最常見。

推薦購買地點：蒲甘的地攤、手工作坊(蒲甘明卡巴地區有漆器之鄉美譽)

漆器

緬甸木偶色彩豐富、形象生動且裝飾華麗，傳統上可分作28種形象，從帝王將相、神佛到動物不一而足，大小由10公分至1～2英呎不等。

推薦購買地點：曼德勒作為發祥地，選擇最精美多樣

木偶

木雕

由建築裝飾至手工藝品，緬甸的木雕以細膩的手法、生動的形象聞名，其中更不乏以柚木等高級木料製成的精品。

推薦購買地點：各地市集或手工作坊

紙傘

緬甸油紙傘工藝繁複，成品結構緊密、防水耐用且色彩繽紛，除了實際使用外，也很適合作為家庭擺飾。

推薦購買地點：各大旅遊區的油紙傘工坊，勃生(Pathein)的工藝最出名

各式畫作

蒲甘沙畫以自然砂岩做顏料繪畫而成，主題多為佛教壁畫紋樣、圖騰、當地民間傳說和佛塔景致，最為有名；此外也有礦石拼貼畫與油畫等。

推薦購買地點：蒲甘佛塔外的小型地攤、翁山市場

最佳伴手禮

奶茶包

緬甸茶館文化盛行，若在當地喝得不過癮，或需要選購伴手禮，即溶奶茶包是不錯的選項，Royal Myanmar Teamix品牌人氣最高，有10入與30入兩種包裝。

推薦購買地點：各大超市

咖啡

撣邦高原的咖啡豆品質優良，近來也逐漸在國際闖出名號，是很不錯的伴手禮。

推薦購買地點：彬烏倫附近的有機咖啡農園、仰光的超市

紀念品哪裡買

各式攤販商家，皆能滿足你購物的欲望！

緬甸購物場所日趨多元，除了傳統的市集、市場與手工作坊外，新興的連鎖超市與購物商場亦已林立於各大城。無論是想去市集邊揮汗邊尋寶，或是到購物商場與藝品店，在冷氣吹拂下輕鬆挑選伴手禮，緬甸都能滿足你。

市集與市場

市集與市場是當地人習慣的購物場所，也是挑選紀念品的絕佳去處。緊密相連的店家為花色的挑選、比價與殺價提供了絕佳條件，不管是珠寶玉石、手工藝品還是傳統服飾都可在此一次購足。不過大城市的主要市集往往規模不小又無明確指示，要在其中找到心儀的產品往往需要一些耐心。

仰光翁山市場

仰光翁山市場資訊請參考P.134。

▼仰光翁山市場是最受遊客青睞的傳統市集

曼德勒良依市場

又稱中央市場，兩棟大樓內販售有各式商品，除了手工藝品、傳統服飾外，也能買到緬甸日用品或蔬果等。記得殺價。

✉84/86th, 26/28th Street ◉週二～日08:00～17:00(週一休息) ➡由曼德勒皇宮乘計程車約5分鐘 MAP P.144

地攤與商品街

主要景點附近經常會有個人營運的小型地攤或是成排的商店街，販售物品包羅萬象，從民族風的衣物、包包、唐納卡到各式手工藝品都有，其中亦不乏匠心獨具的設計，在參觀景點之餘不妨放慢腳步細細瀏覽。

蒲甘佛塔區域

佛塔區的地攤集中在各大佛塔區的旁邊，並沒有地址與固定位置，但也提供旅人挖寶的樂趣與驚奇，不妨來佛塔區的商品街走走逛逛，說不定會有意想不到的收穫喔！蒲甘佛塔區域資訊請參考P.154～P.155。

▲主要佛寺與佛塔前經常有成排的商品街

手工作坊

若對緬甸的手工藝品感興趣，不要錯過探訪當地手工作坊的機會。在這些包含工作區的場地中，你不但能採購手工精品，也能欣賞師傅製作的手藝、增進對藝術品的了解。大規模的作坊多位於城郊，若希望前往，可以向旅館諮詢相關訊息，若安排有包車或當地行程，司機通常也會在徵詢同意後帶你前往。

曼德勒周邊

同蒲甘佛塔區域，各大手工作坊散落在曼德勒城郊，只能靠著雙腳或包車搜尋在地手工好物，走過路過不要錯過。曼德勒周邊資訊請參考P.147。

茵萊湖水上作坊

茵萊湖水上作坊資訊請參考P.168。

超市

城市內的連鎖超市分類明確、價格便宜，是購買奶茶包、咖啡、唐納卡加工品等生活用品或食品的絕佳去處。

Ruby Mart

仰光火車站前的大型商場，五層建物內除了超市外，也販售有服飾、電器、3C和兒童用品。便利位置與便宜價格讓它頗受當地人喜愛。

✉No.294/304. Pansodan Road, Yangon ☎01-398246 ⏰v9:00～21:00 ➡蘇雷佛塔步行10分鐘 MAP P.133

Marketplace by City Mart

Marketplace by City Mart是緬甸代表性超市，其「Pride of Myanmar」專區匯聚當地具代表性的特色食品，選購起來輕鬆又方便。

✉Junction City 4樓, Bogyoke Aung San Road和Shwe Dagon Pagoda Road交叉口, Yangon ☎09-9708 37654 ⏰10:00～22:00 ➡翁山市場步行2分鐘 httpwww.citymart.com.mm MAP P.133

購物商場

近年越來越多新式購物商場在仰光開幕。除了林立的國際品牌，匯聚各國餐飲的美食街、散落其中的新式咖啡館與寬敞明亮的超市也都是購物商場的魅力所在，而全日供應的強烈冷氣更讓它成為緬甸炎熱午後的絕佳去處。

仰光Junction City

2017年開幕的新穎購物中心，佔地廣大的商場內進駐有各式商店、美食、酒店與電影院，為仰光最新潮的地標之一。

✉Bogyoke Aung San Road和Shwe Dagon Pagoda Road交叉口, Yangon ☎01-9253800 ⏰10:00～22:00 ➡翁山市場步行2分鐘 httpjunctioncityyangon.com/retail MAP P.133

仰光Myanmar Plaza

位於茵雅湖對街，超過150間各式商店、餐飲與服務機構足以滿足各種生活與購物需求。裡頭的Hard Rock酒吧很受歐美旅客喜愛。

✉192, Kabar Aye Pagoda Road, Yangon. ☎01-8605668 ⏰9:00～21:00 ➡茵雅湖步行2分鐘 httpwww.myanmarplaza.com.mm MAP P.132

購物須知

因地制宜的購物細節須多加注意，才能買得盡興又安心。

整體而言，在緬甸購物並無太多規矩與禁忌，但若能對以下事項稍加留心，將能使你的購物體驗更為完美。

記得殺價：雖然緬甸人相對純樸，價格哄抬幅度不算誇張，但殺價仍是必須的，特別是觀光客群聚的市集與景區藝品店更是如此。

不要隨意動手：挑選精緻手工藝品時不要隨意動手，若有感興趣的商品最好請商家協助展示，或至少在徵得同意後再拿取。

刷卡要先問：緬甸信用卡仍不算普及，若現金不是太充裕，購買高價商品前最好先確認能否刷卡。

確認付款幣別：商鋪與攤販大多能接受緬元與美金兩種貨幣，購物時不妨分別詢問兩種幣別的報價，有時會有令人驚訝的價差。

標價即是售價：商品標價為含稅價格，不會額外收取隱藏費用。

看好就下手：雖說貨比三家不吃虧，但當地不少工藝品仍是純手工製造，即便款式類似卻可能無一相同，若看上很喜歡的商品最好乾脆下手。

購買證明要記得：緬甸政府規定玉石、珠寶、銀飾與高價手工藝品需持有合法購買證明才能出口，購買時記得向商家討取並妥善保管。

營業時間：普通商店多為9:30～18:00，購物商場約10:00～22:00，景點附近的攤販與藝品店則大多配合景點開放時間營業。

退稅與免稅資訊

緬甸目前還沒有針對外國遊客的免稅與退稅制度，機場雖有免稅店，但品項稀少且價格高昂，不建議在此購物。

▲緬甸的手作品精緻華美，但目前沒有退稅制度

緬甸文
指指點點
購物篇

ဈေး 市場	စူပါမက်ကက် 超市
အမှတ်တရပစ္စည်း 紀念品	အရောင် 顏色
ဆိုက် 尺寸	ကြီးသည် 大尺碼	အလယ်အလတ် 中尺碼

ဆိုက်
尺寸

ကြီးသည်
大尺碼

အလယ်အလတ်
中尺碼

ငယ်သည်
小尺碼

ရှည်သည်
長

တိုသည်
短

အမဲရောင်
黑色

အနီရောင်
紅色

အဖြူရောင်
白色

အပြာရောင်
藍色

လျှော့ခွဲဈေး
折扣

လက်ငင်ငွေ
現金

ခရက်ဒစ်ကတ်
信用卡

…… ဘယ်မှာဝယ်လို့ရမလဲ။
我在哪裡可以買到……

ငါဒါဝယ်ချင်တယ်
我想要買這個

ဘယ်လောက်လဲ
多少錢?

ဈေးကြီးလိုက်တာ
它太貴了

ဈေးနည်းနည်းလျှော့မလား
能便宜一點嗎?

ငါ …… ဝယ်ချင်တယ်
我想要買……

ဟိုတစ်ထည်ကိုပြစမ်းပါ
請給我看看那件

တခြားအရောင်ရောရှိလား
請問有沒有別的顏色

ကျွန်တော်ဝတ်ကြည့်နိုင်သလား
可以試試看嗎?

ခရက်ဒစ်ကတ်နဲ့ပေးလို့ရမလား
我能用信用卡付款嗎?

玩樂篇
Sightseeing

緬甸有哪些好玩的景點和活動？

百餘年前，英國詩人吉卜林寫下：「這就是緬甸，她與你所知道的任何地方都不相同。」而今，緬甸正逐漸揭去神祕的面紗，古老的佛塔、潔淨的海灘、繽紛斑駁的殖民建築、閒適的田園風光與虔誠的佛國氛圍吸引著來自世界的旅行者。它的美好，正等著你親自前來體驗與發掘。

印度

孟加拉
共和國

中國雲南

蒙育瓦
Monywa

昔卜 Hsipaw

彬烏倫
Pyin Oo Lwin

曼德勒與周邊
Mandalay

緬甸

奈比多

蒲甘
Bagan

妙烏
Mrauk U

茵萊湖
Inle Lake

清邁

寮國

永珍

大金石
The Golden Rock

仰光
Yangon

毛淡棉
Mawlamyine

泰國

曼谷

安達曼海

泰國灣

緬甸 Top 10 目的地

緬甸旅遊 Top10目的地

緬甸約有台灣的18倍大，廣闊的地域與尚待完善的基礎交通，讓一次遍覽緬甸幾乎成了不可能的任務。以下為當地較具代表性的10個旅遊目的地，但倘若時間足夠，其餘區域與城鎮也同樣值得探訪。

仰光 Yangon

緬甸第一大城與商業中心。飛速發展的城區內既有傳統的殖民建築、佛塔金頂與市集，也有時髦咖啡廳、住宿旅店與各式美食。雖然紊亂的交通與街巷讓部分旅人頗有微詞，但濃重的生活感與豐富的體驗仍值得為之駐足。更多資訊請見 P.130。

蒲甘 Bagan

清晨薄霧中，散落於天際的熱氣球襯著聳立佛塔——蒲甘日出無疑是緬甸旅遊最經典的畫面之一。作為緬甸第一個大一統王朝：蒲甘王朝的首都，這片伊洛瓦底江畔的平原蘊藏了數千座 11～13 世紀的歷史遺跡。更多資訊請見 P.154。

茵萊湖 Inle Lake

蕩漾的清澈湖水與涼爽的高原氣候讓茵萊湖成了絕佳的度假目的地。豐富的水上游船行程、單腳划船的漁夫與悠閒的水上屋住宿體驗，都是茵萊湖難以取代的獨特風景。更多資訊請見 P.164

曼德勒與周邊 Mandalay

緬甸末代王朝——貢榜王朝的首都，是重要的藝術與手工藝中心，也是木偶戲的起源城市，城內與近郊手工作坊林立。若厭倦城市喧囂，周邊的幾座古城和烏本橋，也是多數旅行者的必訪之處。更多資訊請見P.142。

大金石 The Golden Rock

輕倚於吉諦瑜山崖壁的大金石是緬甸最重要的宗教聖地之一。無論你是否相信這顆角度神祕的大石是佛陀神蹟，層層貼上的金箔、虔誠禱告的信徒，都替它增補了不少神祕而神聖的色彩。更多資訊請見P140。

彬烏倫 Pyin Oo Lwin

舊名「眉苗」，是英國殖民時代的避暑勝地，也是現代緬甸重要的咖啡產地。大量的木造英式別墅、林立的教堂、綠草如茵的植物園與喀噠作響的四輪馬車，讓這座城市混入了濃濃的舊日歐洲風情。更多資訊請見P.153。

妙烏 Mrauk U

綠苔攀附古老佛像、石造迴廊透著微光。作為若開邦曾經的都城，妙烏曾是亞洲最富庶的城市之一，而城鎮周圍的都格登佛塔、八萬佛像佛塔、九萬佛像佛塔等豐富遺跡群，更讓它成為僅次於蒲甘的重要遺址區。最棒的是，這裡遊人罕至，你將能享受在蒲甘難以遇見的寧靜。

毛淡棉 Mawlamyine

英屬緬甸的第一座首都，喬治歐威爾在此擔任警察寫下《獵象記》，吉卜林則以山丘上的佛塔為背景寫下《曼德勒》。這座城市寧靜而古老，走入其中，就像穿越時光隧道回到遙遠的過往。你還可以以此為據點，探訪周邊的溫盛多雅臥佛、那拉寶佛塔，或是乘船去帕安(Hpa-an)參加一日遊探訪幽深的洞穴。

蒙育瓦 Monywa

位於曼德勒與蒲甘之間，這座商業小城的近郊藏著無數精彩景點：充滿趣味的幾座現代佛寺，體現了緬甸人豐富的想像力，而壁畫保存完好的古老洞窟，則是過往藝術技藝的美好見證。更多資訊請見P.153。

昔卜 Hsipaw

昔卜以健行聞名，周邊保留原始樣態的村落與田園風光，讓它廣受自然愛好者歡迎，而撣邦末代土司與奧地利妻子的故事，則替這個慵懶小鎮添上一抹浪漫而哀傷的色彩。不要錯過點著蠟燭交易的早市、山丘上的小蒲甘佛塔群，和見證那段異國戀曲的撣邦皇宮。

緬甸
主題旅遊

緬甸的鄉村風景與海景，都有令人心曠神怡的魅力，如果想貼近當地居民的生活，體驗純樸文化；或是造訪未受汙染的純淨海灘，來一場海洋巡禮，在緬甸都可以滿足你的想像！

鄉野健行

若想更深入地認識緬甸，健行是不錯的選擇。緬甸的數個鄉鎮都提供有規畫完善的健行路線，讓旅行者能夠走入純樸的鄉野美景，和久居此地的少數民族近距離接觸，且山間氣候溫和，能逃離緬甸炎熱的豔陽。唯一要注意的是，若在雨季前來（約6～10月），可能得有在泥濘中前行的心理準備。

如果想健行，村鎮的民宿、旅館與旅行社皆能協助安排相關行程，費用則視活動內容與參與人數而定，差異甚大。此外山區路徑複雜，英語不通，較不建議在無嚮導的情況下前往徒步。

▲嚮導會詳細介紹遇見的植物、作物和緬甸的民俗風情

▲穿越小徑，探訪鄉間的當地居民是健行一大樂趣

▲徒步中常能遇見意外的美景

格勞 (Kalaw)

位於撣邦高原的格勞是緬甸健行的大熱點，除了前往周邊少數民族村莊的單日行程外，最受歡迎的莫過於花費 2 ～ 4 天一路徒步至茵萊湖畔娘水鎮的路線。這條線路難度不高，卻能深入鄉間農田之中，體驗當地人與世無爭的生活方式。當夜宿於寺院或勃歐族 (Pa-oh) 村落之中，更有滿天星斗伴你入眠。

▲格勞至茵萊湖的徒步行程能夠深入體驗農村風情，很受背包客喜愛

鄉野健行嚮導資訊這裡查

格勞

1. A1 Trekking

☎ 09-4958 5199

🌐 a1trekking.blogspot.tw

2. Sam's Trekking Guides

☎ 81-50377

✉ samtrekking@gmail.com

3. Ever Smile

☎ 81-50683

🌐 eversmiletrekking.wordpress.com

昔卜

Mr Charles Guest House

☎ 82-80105

🌐 www.mrcharleshotel.com

昔卜 (Hsipaw)

作為曾經的撣邦皇城所在，昔卜的健行活動在近年逐漸興起，這裡提供有半天～ 4 天的徒步方案，帶領旅客前往探訪瀑布、農田及撣族和巴朗族的村莊。健行之餘，鎮內頂著燭光交易的中央市場 (Central Market：04:30 ～ 13:00)、撣邦皇宮和城鎮北端的小蒲甘佛塔群也值得一遊。若不介意火車顛簸，還能由此搭乘百年鐵路前往彬烏倫或曼德勒。

▶體力不佳者，不妨選擇包含乘船的行程

▲燭光早市曾是昔卜的一大特色，但近年已逐漸被LED燈取代

海灘漫步與潛水

當人們提到緬甸，腦中大概鮮少會浮現陽光與沙灘的影像，然而，在西南部1,930公里的海岸線上，其實藏著許多品質絕佳的沙灘與海島。這些海灘坐擁完美夏日假期必備的清涼海水、柔細沙灘與豔陽，卻因為鮮少開發，而保留了屬於緬甸的純樸與稀少的人煙，是絕佳的度假勝地。

海灘旺季在11～3月，而當6～10月的雨季來臨，許多飯店與餐飲會歇業。在為數不多的水上活動中，浮潛最受歡迎，多數飯店與船家都能協助安排，不過當地對安全的要求不是太嚴謹，報名時最好選擇信譽較佳的飯店、旅行社並多參考相關評價。

額布里海灘 (Ngapali Beach)

額布里海灘有「東方那不勒斯」美譽，曾多次獲選進入旅遊評價網站TripAdvisor「世界最美海灘」名單。綿延3公里的銀白色海灘、潔淨碧藍的海水和未遭破壞的人文景色，讓它受到當地人與遊客的一致吹捧。在這裡，你可以輕鬆漫步海濱探訪小漁村，可以報名浮潛行程欣賞精彩的海底世界，也可以賴在飯店或餐館悠閒的享用海鮮。

▲Ngapali Beach的海水相當潔淨(圖片來源：KoKoWin)

仰光Aung Mingalar巴士站有車直達額布里，但車程長達17小時且沿途路況不佳，選擇乘坐國內班機到鄰近的丹兌(Thandwe)機場會更輕鬆。

維桑海灘 (Ngwe Saung Beach) 與羌達海灘 (Chaung Tha Beach)

維桑海灘距仰光約7小時車程，除了白沙灘，能輕鬆步行抵達的雙塔石、情人島，以及需要乘船前往的鳥島也都是出名的景點。預算充足者，海岸北端有數間高級度假村可選，而背包客則多聚集於便宜民宿林立的南岸。

維桑海灘北面約2小時車程處，有著廣受當地人喜愛的羌達海灘。雖然沙灘與海水略遜一籌，

但熱鬧的氣氛、便宜的物價與強烈的在地氛圍卻也替它帶來別樣的魅力。

前往維桑海灘與羌達海灘，可由仰光 Hlaing Thar 長途巴士站乘車。兩個海灘間可以搭船或乘共乘計程車往返，單趟約 2 小時。

丹老群島 (Myeik Archipelago)

丹老群島位於緬甸最南端，800 多座坐擁白沙灘的島嶼散落於湛藍的安達曼海之上，其中多數為無人島，僅有部分島嶼居住有少量緬甸人與當地的海上游牧民族：莫肯族 (Moken)，而提供住宿或餐飲的島嶼更是屈指可數。

要想探訪這些「被遺忘的群島」並不容易，由於缺乏必要的公共設施與交通，旅行社組織的昂貴船遊、潛水多日遊行程幾乎成了唯一的選擇。

▲純淨無污染的海域讓丹老群島被譽為「亞洲最後邊疆」(圖片提供：Pandaw Cruise)

▲若預算充裕，不妨選擇乘坐遊輪探索丹老群島，來個不一樣的緬甸之旅 (圖片提供：Pandaw Cruise)

▲被稱為海上游牧民族／海上吉普賽人的莫肯族(圖片提供：Pandaw Cruise)

好在當你投入大筆時間與金錢，丹老群島也會以它優質的沙灘與海岸、豐富多采的海底世界與真正與世隔絕的特殊氣質作回報。

行家祕技 當地人推薦潛水地點

雖然丹老群島位於緬甸境內，但當地旅遊開發遲緩，組織有潛水行程的旅行社大多位於相鄰的泰國拉廊(Ranong)。船遊與潛水的行程依旅行社而異，從3～14天都有，如果拿不定主意，不妨找找包含黑岩島與三小島的行程，這是當地人最推薦的潛水地點。

A One Diving Team
泰國拉廊出發，潛水為主。
http www.a-one-diving.com

Andaman International Dive Center
泰國拉廊出發，潛水為主。
http www.aidcdive.com

Burma Boating
緬甸高當出發，船遊為主。
http www.burmaboating.com

Mergui Islands Safari
緬甸高當出發，船遊為主。
http www.islandsafarimergui.com

緬甸木偶戲

木偶戲是緬甸最具代表性的傳統藝術之一，距今已有 500 多年歷史。這些形象生動而鮮明的懸線木偶有著最多可達 60 根的操作絲線，透過師傅靈巧操作，連指頭都能有細微動作。不必擔心看不懂，色彩豔麗的木偶將當地傳統神話演繹得活靈活現，即便語言不通也能輕易理解。

曼德勒木偶戲院(Marionettes Theater)

緬甸首屈一指的木偶戲院，曾多次出訪海外演出。演出分為傳統音樂／傳統舞蹈及木偶戲兩部分，可以一次看到單人木偶、多人木偶，甚至木偶與演員同台等各式演出，相當精采。

✉66街與27街交叉路口 ☎02-34446、09-526 0506 ⏰每天晚上20:30～21:30 💲門票USD10 ➡曼德勒皇宮東南角落，步行約5分鐘 🌐www.mandalaymarionettes.com/index.php/home/ ❓建議提前預約 📍P.144

▲緬甸木偶操縱性佳，能做出許多細微動作

傳統舞蹈

　　自11世紀蒲甘王朝起，緬甸人便有在佛塔落成時以歌舞慶祝的傳統；隨後，當地舞蹈受到泰國舞蹈、木偶戲動作的影響，最終發展出包含拜神舞(宮女舞)、阿迎舞、仙人舞、舞象等各具特色的舞蹈。時至今日，在重要節日與婚俗喜慶時，緬甸人仍會搭建臨時戲台安排演出，或是舉辦群眾性歌舞比賽作為慶祝。

仰光卡拉威宮(Karaweik Palace)

　　位於皇家湖畔，外型為一艘顯眼的金色大船。晚間的演出包含多種舞蹈與自助餐，不過得有心理準備，和表演相比，自助餐的菜色顯得有些乏善可陳。

✉皇家湖公園內 ☎01-290546 ⏰每晚18:30～20:30 💲門票USD30 ➡蘇雷佛塔乘計程車約2,300緬元 🌐karaweikpalace.com ❓建議提前預約 🅼P.132

▲若乘坐渡輪，也有機會於船上觀賞免費傳統舞蹈演出(圖片提供：Pandaw Cruise)

禪修

　　作為虔誠佛教國家，緬甸禪修的風氣很盛。若對類似體驗感興趣，仰光與曼德勒等地有多間寺院與禪修中心對遊客提供內觀冥想課程，這些課程一般為期10天到數個月不等，提供住宿與餐飲，費用課後隨喜。過程中修行者需要換上簡單衣著，遵守過午不食、不煙不酒等規則，並在交流時間外盡量保持沉默，專心於體察自我的內心。

仰光馬哈希禪修中心 (Mahasi Meditation Centre)

　　1950年由馬哈希尊者創立，是緬甸最大的禪修中心。課程時間最短一週起，提供英文的教義討論，參與者需於每天凌晨3點起床，晚間11點就寢，除了用餐與盥洗外，其餘時間都在坐禪與行禪間輪迴。

✉No.16, Thathana Yeiktha Street, Bahan Township, Tango ☎01-545918、01-541971 💲自由捐獻 ➡蘇雷佛塔乘計程車約2,600緬元 🌐www.mahasi.org.mm ❓需提前預約 🅼P.132

▲禪修中心入口

仰光 Yangon ရန်ကုန်မြို့

城市概述

　　即便政府在 2005 年將首都一舉遷至了奈比多，仰光作為緬甸商業中心與最大城市的地位，卻未曾受到影響。回顧歷史，仰光的建設起始於 1755 年，當年雍笈牙國王取「平息戰亂」之意，將這座小漁村定名為「仰光」，開始了它的建設。百年後，仰光於 1852 年英緬戰爭後落入殖民政府之手，成為英屬緬甸首府，一幢幢輝煌建築於城市內拔地而起，奠定了城市的輪廓。之後隨著二戰結束、殖民政府撤離，仰光在國家獨立運動、軍政府崛起、僧人示威抗議與遷都等重大事件中歷經起落，直到 2011 年改革開放後再度迎來新局。

　　近年間，外國投資者、旅行者大量湧入，新的商場、餐廳與建設在仰光如火如荼展開，這座詩人聶魯達口中的「熱血、夢想和黃金之城」，正以飛快的速度展開繁華的新篇章。

▲仰光於2011年改革開放，正迅速展開新頁

豆知識

多元共存的仰光

英屬緬甸時代，仰光曾被視作亞洲示範城市，吸引無數外國人來此定居。除了顯眼的殖民建築與燦爛的金塔，城內其實也不乏華人的寺廟與會館、英式教堂的尖頂、鮮豔的印度廟與清真寺尖塔。例如地圖上標示的聖瑪麗大教堂和 Sri Varatha Raja Perumal 印度廟，就是當地極具代表性的異國建築。漫步仰光之餘，也別忘了多欣賞這多元融合的街景。

建議行程

仰光景點大多分布在南端的舊城區、居中的大金塔與皇家湖區和北面的茵雅湖三個區域。

若只想粗略地瀏覽仰光，可以安排在初抵緬甸和離開前短暫停留 1～2 日，第 1 天參觀蘇雷佛塔與周邊殖民建築，在茶館享用下午茶，再將大金塔的日落與夜色囊括入袋；第 2 天去翁山市集淘寶，再搭環狀線火車欣賞緬甸日常。若時間更充裕些，還可以將 5 小時車程外的大金石納入，安排成 3～5 天的行程。

市內交通

仰光市內雖有公車，但縱橫交錯的線路對旅行者不算友善，更多人會選擇利用計程車出行。當地塞車嚴重，特別是 8～9 點，17～18 點的尖峰時段，車陣經常綿延數公里，若是短程移動建議步行。

▲蘇雷佛塔是仰光公車的樞紐，可以此為出發點前往數個景點

公車

市區票價 200 緬元，往長途巴士站與機場 300 緬元。蘇雷佛塔有一樞紐站，線路四通八達，最是方便，若途中不慎迷失，只要向司機或路人詢問「SULE?」便可輕易找到返回市中心的車。

計程車與人力車

計程車不跳表，全靠議價，價格可能因車況與是否開冷氣而異。市內景點約在 2,000～4,000 緬元，手機叫車 App Grab 在仰光市內極為普遍，可多加利用。人力車集中於仰光河岸區域，短程約 1,000～1,500 緬元。

蘇雷佛塔旁有共享計程車可以前往 Aung Mingalar 長途巴士站，票價 1,000 緬元／人

仰光地圖

Parami Rd

往機場／Aung Mingalar
長途巴士站

Maha Pasana洞穴Maha Pasana Cave

世界和平塔
Kaba Aye Paya

緬甸寶石博物館
Myanmar Gems Museum

茵雅湖
Inya Lake

Bayint Naung Rd

Kabar Aye Pagoda Rd

Kanbe Rd

Yankin Rd

Aung Zayat Rd

仰光航海俱樂部
Yangon Sailing Club

仰光大學
Myanmar Plaza

University Avenue Rd

翁山蘇姬軟禁居所

East Horse Course Rd

North Horse
Race Course Rd

U Chit Maung Rd

Lay Daungkan Rd

Hledan Rd

馬哈希禪修中心
Mahasi Meditation Centre

Inya Rd

Kanbawza St

Swinning
Pool St

喬達基臥佛
Chaukhtatgyi Paya

Kyee Myin Daing Kanner Rd

Upper Kyee Myin Daing Rd

Three Good
Spoons

Pyay Rd

U Wisara Rd

Dhama Zedi Rd

Shwe Gon Taing St

San Rd ha Mein Ba Yan St

Kyaik Ka

Banyar Dala Rd

West Shwe Gon Taing St

人民公園

Shin Saw Pu Rd

大金塔
Shwedagon Paya

Ar Zar Ni St

Ngar Htat Kyee Pagoda St

翁山將軍博物館
Bogyoke Aung
San Museum

Nat Mauk St

Bahan Rd

Ahlone Rd

U Htaung Bo Rd

Belmond Governor's Residence

皇家湖／
坎多吉湖
Kandawgyi Lake

Kyaikkasan Rd

緬甸國家博物館
National Museum

Zoological Garden St

仰光動物園
Mya Yar Gona St

Thein Byu Rd

Bogyoke Aung Sang Rd

翁山體育場

Anawrahta Rd

翁山市場
Bogyoke Aung San Market

Bo Gyoke Rd
Junction City
美食街

Maha Bandula Park St
Ruby Mart

Pansodan St

28 th St
29 th St
30 th St
33th St
34th St
36th St
37th St
38th St
Seikkanrha St
39th St
40th St
Bo Aung Kyaw St
47th St
49th St
50th St
51th St

聖瑪麗大教堂

24 St

Anawrahta Rd
999 Shan Noodle Shop

Sri Varatha Raja Perumal
印度廟

蘇雷佛塔
Sule Paya

市鎮廳
Yangon City Hall

部長辦公室
Ministers Office

Maha Bandula Rd

馬哈班都拉花園
Maha Bandoola Garden

高等法院大樓
High Court

41th St

Bogalay Zay St

501 Merchant Bed & Breakfast

Rangoon
Tea House

Sule Rd
書店街

35ht St

Merchant Rd

海關大樓
Yangon Custom House

斯特蘭德酒店
The Strand Hotel

Thein Phyu Rd

波達通塔
Botataung Paya

Strand Rd

仰光中央郵局
Yangon Central Post Office

Botahtaung Pagoda Rd

舊城區周邊地圖

舊城區

　　以蘇雷佛塔為中心，英屬緬甸時代開始就是仰光的城市重心，百年殖民建築與新式商場、飯店在此比鄰而居。

蘇雷佛塔 (Sule Paya ဆူးလေဘုရား)

　　位於仰光市中心，據傳是為供奉2,000多年前自印度迎回的佛髮聖物而建，名稱來自聖山守護神Sule。除了宗教功能，蘇雷佛塔也是仰光重要的地理標誌及集會核心，1988年與2007年兩次大規模的抗議活動皆由此處的集會開始。

✉Sule Paya Rd和Mahabandoola Rd交叉口 ☎01-371561 ⏰05:00～22:00 💲3美金或4,000緬元 ➡機場坐37路公車，或Aung Mingalar巴士總站坐36路公車可達 ❓逛蘇雷佛塔周邊交通混亂，過馬路時須格外留心 ⓂAP P.133

▲蘇雷佛塔的金頂是市中心的重要地標

翁山市場 (Bogyoke Aung San Market ဗိုလ်ချုပ်အောင်ဆန်းဈေး)

始建於1926年，英屬時代稱作Scott Market，如今是仰光最出名的工藝品與紀念品市場，販售有各式珠寶玉器、手工藝品、傳統服飾與紀念品，琳瑯滿目的商品足以讓人耗上大半個下午。

✉Bogyoke Aung San Rd, Dagon ◷09:00～17:00，週一與國定假日公休 ➡蘇雷佛塔步行15分鐘 ❓市場內價格混亂，記得多加比價並適度殺價 MAP P.133

▲翁山市場外觀

▲翁山市場占地廣大，共有2,000餘個攤位

▲購買玉石珠寶時要小心挑選

波達通塔
(Botataung Paya ဗိုလ်တထောင်ဘုရား)

位於仰光河畔，名稱意為「千名將士」，用以紀念2,000多年前由印度護送佛陀髮絲來緬甸的千位將領。現存佛塔為二戰後重建，擁有少見的中空內裡，走入鍍滿金箔的曲折迴廊，可以近距離欣賞佛陀髮絲舍利和眾多古老文物。

▲波達通塔(整修中)

✉Strand Rd ☎09-9716 25813 ◷05:00～22:00 💲門票6,000緬元 ➡蘇雷佛塔步行約20分鐘 MAP P.133

🟤 豆知識

緬甸生肖

根據星象學，緬甸人將一週分作8個「星象日」，對應著8個方位與8個生肖。生於週日的人屬妙翅鳥，週一屬老虎，週二屬獅子，週三上、下午分屬雙牙大象與無牙大象，週四屬老鼠，週五屬天竺鼠，週六屬大蛇娜迦。緬甸的多數寺廟皆會按著方位設置生肖塔，以供信眾浴佛祈福。

當地人在自己的生肖塔前浴佛祈福

當你前往緬甸寺廟，不妨學著當地人，以銀杯舀水澆淋於生日相屬的佛像與動物之上，次數按歲數而定，可不要多澆了！

仰光殖民建築散步

蘇雷佛塔周邊留存有眾多規模宏大的殖民建築，它們有些在改裝後繼續使用，也有些在時間長河中日漸荒廢。以下為該區較具代表性的建築，走一圈約需2～3小時。周邊地圖見P.133。

部長辦公室
(Ministers Office ဝန်ကြီးများရုံး)

原英緬政府祕書處，1947年，翁山將軍與同僚便是在此處被暗殺。

高等法院大樓
(High Court တရားရုံးချုပ်ဟဏင်း)

建於1914年，原為司法部議會大樓，後改為高等法院。

馬哈班都拉花園
(Maha Bandoola Garden မဟာဗန္ဓုလ ပန်းခြံ)

以英緬戰爭中犧牲的軍事領袖Maha Bandula命名，內有49.5米高的獨立紀念碑。

海關大樓
(Yangon Custom House အကောက်ခွန်ရုံး)

蘇格蘭建築師John Begg設計，至今仍作為海關大樓使用。

市鎮廳
(Yangon City Hall ရန်ကုန်မြို့တော်ခန်းမ)

1936年完工，融合西式拱廊與緬式尖塔，純白色的外觀相當顯眼。

仰光中央郵局
(Yangon Central Post Office ဗဟိုစာတိုက်)

建於1908年，原為白米貿易公司Bulloch Brothers & Co的辦公室，週一～五09:30～16:30開放。

大金塔與皇家湖區

仰光發展最早的區域，周邊的巴罕(Bahan)鎮區至今仍是仰光精英人士群聚的豪宅區。

▲大金塔周邊圍繞有4座中塔與64座小塔，供奉有各種神像

大金塔

(Shwedagon Paya ရွှေတိဂုံဘုရား)

座落於聖山上的大金塔是仰光的信仰核心，99米高的佛塔上綴有27噸金箔、5,448顆鑽石、2,317顆各式寶石和1,065個金鈴，最頂端則是一顆76克拉的巨型鑽石。不論你站在仰光哪個角落，幾乎都能見到它熠熠生輝的身影。

根據傳說，西元前558年，兩位商人兄弟由印度迎回8根佛陀髮絲，開始了大金塔的修建。而後金塔歷經戰亂與地震，由歷代君王多次修葺與增建，最終形成今日的樣貌。當你由東西南北共四個由神獸「辛特」把守的入口進入，穿越成排攤位，便會抵達主要平台。時間有限者，可以順時針繞行平台一圈，快速欣賞中央佛塔與環繞四周的4座中型佛塔和64座小型佛塔，並效法當地人，到代表自己生日的方位浴佛祈福；若時間寬裕，則建議向售票處索討免費的英文簡介，循著上頭的地圖與指示按圖索驥，細細品味大金塔的所有細節。

參觀佛塔的時間以清晨與傍晚最佳，清晨時分的佛塔較為寧靜，且無強光干擾，較有可能看見塔頂的鑽石；而傍晚則是佛塔最熱鬧的時分，氣氛絕佳，能一次欣賞到佛塔的夕陽與夜景。

✉ Singuttara Hill 📞 01-371089，01-375767 🕐 5:00～22:00 💲 10,000緬元或8美金 🚌 由蘇雷佛塔乘坐36、37路公車後步行10～15分鐘 🌐 www.shwedagonpagoda.com 🗺 P.132

▲大金塔中央平台

皇家湖(坎多吉湖)

(Kandawgyi Lake ကန်တော်ကြီး)

英國殖民時
代建築的人工湖
泊，湖水來自北
面的茵雅湖，周
圍的綠地則分屬
占地遼闊的皇

▲皇家湖全景

家自然公園(Kandawgyi Nature Park)和仰光動物
園(Yangon Zoological Gardens)。建議在夕陽時前
來，晚霞餘暉映著大金塔倒影很是浪漫，入夜後
還能前往以神鳥背馱大船為造型的卡拉威宮，欣
賞緬甸傳統舞蹈(詳見P.129)。

✉Kan Yeik Thar Road ⏰4:00～22:00 💲公園門票2,000緬元
➡大金塔東門步行10分鐘 🛈湖畔難免有小蚊蟲，建議噴灑防
蚊液後前往 🗺P.132

▲坎多吉湖氣氛悠閒，是很多當地人休閒放空的場所

▲湖畔餐廳

緬甸國家博物館

(National Museum အမျိုးသား ပြတိုက်)

展品分為「緬甸歷史」和「緬甸文化」兩大主
題，雖然陳列簡單，又幾乎沒有英文標示，要全
面理解有些困難，但種類豐富、數量龐大的館藏
精品仍令人歎為觀止。其中綴滿金箔與寶石的獅
子寶座(Lion Throne/Sihasana)曾屬於緬甸末代國
王錫袍，最具代表性。

✉66/74 Pyay Road 📞01-378652 ⏰09:30～16:30，
週一休館 💲5,000緬元 ➡由大金塔步行約10分鐘
🗺P.132

▲緬甸國家博物館外觀
▶博物館花園有數尊國王與民族英雄的雕像

🥜 豆知識

垂釣的繩子

在仰光街頭，時常能看見繫有夾子或籃子
的長繩由公寓高樓垂掛而下，沒事別亂拉，
這可是公寓的「門鈴」。由於當地老公寓鮮
少配備「電鈴」，當地人
便以繩繫鈴代之，只要輕
拉繩索，便能敲響鈴鐺。
而下方的夾子與籃子則是
簡易升降梯，可透過它與
街邊小販交易點心、報紙
等輕巧產品，省下來回奔
波的麻煩。

緬甸街頭常見的垂
繩具有門鈴的功
用，可別亂拉

喬達基臥佛
(Chaukhtatgyi Paya
ချောက်ထပ်ကြီးဘုရားကြီး :)

喬達基臥佛

　　仰光最大的臥佛，總長65米，周身由緬甸玉打造而成，雙眼則由玻璃鑲嵌。在祂比人還高的腳底板上，雕飾著對應108次輪迴形象的108個圖騰，佛像本身則代表佛祖已超脫於輪迴之上。若對各個圖案感興趣，旁邊的巨型海報提供有英文解釋。

✉Shwegondine Road ⏰06:00～20:00 💲免費 ➡大金塔乘坐20、59、65等多班公車可達，步行約需30分鐘 **MAP**P.132

▲室內的生肖塔裝飾有直接的動物形象

▲臥佛腳底繪刻有108個輪迴圖騰，包括59格人的世界、21格動物世界和28格神的世界

▲翁山將軍故居為兩層樓的維多利亞式別墅

翁山將軍博物館
(Bogyoke Aung San Museum
ဗိုလ်ချုပ် အောင်ဆန်း ပြတိုက်)

　　由翁山將軍被刺殺前的故居改建，精緻的兩層維多利亞式別墅中陳列著簡單的家具、文獻與家族照片等，展品不算豐富，但仍足以一窺這位緬甸國父的生平。博物館還有翁山蘇姬兒時的嬰兒床、用餐的座椅等文物。

✉No15, Bogyoke Aung San Museum Street ☎01-345651 ⏰9:30～16:30，週一休館 💲5,000緬元 ➡位於皇家湖北面，由大金塔東門步行約15分鐘 **MAP**P.132

▲客廳

▲翁山蘇姬與兄長小時候的讀物

▲茵雅湖鄰近仰光大學，傍晚能看到不少來此聚會的年輕學生

茵雅湖區

　　茵雅湖區綠樹成蔭，是當地熱門的約會與家族聚會區，也是前往Aung Mingalar長途汽車站與仰光國際機場的必經之路。

茵雅湖
(Inya Lake　အင်းလျားကန်)

　　英國人為供應仰光用水而興建，完工於1883年，是市內最大的湖泊。清幽環境讓湖泊周圍成為仰光最昂貴的地段之一，包含翁山蘇姬、奈溫將軍的住所和美國大使館都坐落於此，這裡也是仰光年輕人鍾愛的約會地點。

　　除了在湖畔漫步感受浪漫氛圍，你可以由此步行前往No.54, University Avenue觀望翁山蘇姬被軟禁18個月的居所；也可以前往歷史悠久的仰光航海俱樂部(Yangon Sailing Club)詢問帆船、立槳等水上活動。

✉Inya Lake, Yangon ⏰全天 ➡蘇雷佛塔乘坐36路公車可達
🅼P.132

仰光航海俱樂部資訊這裡查

成立於1924年的會員制俱樂部，除了舉辦水上活動，俱樂部本身也供應簡單的飲品，面向湖面的環境相當不錯。詳細資訊可透過英文FB粉絲頁查詢。
✉No. 132 Inya Road, Yangon
🌐www.facebook.com/YangonSailingClub
⏰09:00～20:00，僅在週五下午對非會員開放

緬甸寶石博物館
(Myanmar Gems Museum
မြန်မာ့ကျောက်မျက်ရတနာပြတိုက်)

　　緬甸寶石博物館坐落於一座4層建築的頂層，展品包括當地出土的寶石、玉石、珍珠、礦石和其衍伸工藝品，下方3層則為寶石展售商場。由於展廳不大且地處偏遠，更推薦給對寶石有所熱情的人。

✉66 Kaba Aya Pagoda Road 📞01-665115 ⏰09:30～16:00，週一與國定假日休館 💲商場免費，博物館門票5美金 ➡由蘇雷佛塔或茵雅湖乘坐28路公車 ❓博物館內禁止拍照 🅼P.132

世界和平塔
(Kaba Aye Paya　ကမ္ဘာအေးစေတီ)

　　佛塔完工於1952年，是為舉辦第六次佛教大會(Sixth Buddhist Synod)而建。其主塔高34公尺，中央寶庫供奉一尊緬甸最大的銀佛，以及佛祖與兩大弟子的舍利。佛塔旁另有一座人工開鑿，用以舉辦宗教儀式的的Maha Pasana洞穴，可順路一訪。

✉68 Kaba Aye Pagoda Road ⏰06:00～20:00 💲3,000緬元 ➡由蘇雷佛塔或茵雅湖乘坐36路公車 🅼P.132

▲世界和平塔內部迴廊

▲世界和平塔外觀

仰光周邊

大金石
(The Golden Rock ကျိုက်ထီးရိုးဘုရား)

位於吉諦瑜山上的大金石是緬甸著名的佛教聖地，當你乘坐雲霄飛車般的皮卡車登上山頂，遠遠便能望見那顆看似搖搖欲墜，卻始終屹立於懸崖邊上的神奇巨石。緬甸人相信，這個奇特的平衡是由於石上佛塔藏有佛祖頭髮所致，而1697年一場震落佛塔，卻未曾動搖大石分毫的地震更替景點添上不少傳奇性。

每年11～3月是大金石的朝聖季，其中又以10月中下旬的慶典最為熱鬧，虔誠信徒不分日夜在此朝拜，宗教氛圍濃厚。需注意的是，僅有男子能夠親近大金石增添金箔，女子只能隔橋觀看。

▲大石被信徒貼滿金箔，遠遠望去幾乎已與佛塔合為一體

▲倘若體力不支，可以聘雇轎夫幫忙抬人或行李

✉Kyaiktiyo Mountain　📞05-760048　🕐全天開放　💲10,000緬元　➡仰光Aung Mingalar巴士站乘坐Win Express或Thein Than Kyaw Express的巴士前往欽邦(Kinpun)，車程約4.5～5小時，票價8,000緬元。接著轉乘皮卡車上山，車程約45分鐘，票價2,000緬元，下山末班車18:00發車

行家祕技　參觀大金石時要住哪裡？

若想由仰光一日往返大金石是可行的，不過得做好早出晚歸的心理準備。更好的方式是在當地住一晚，其中想感受宗教氛圍且預算充裕者，建議住在吉諦瑜山頂，以便欣賞大金石絕美的日出與日落；預算有限者，則可以安排住在距山腳20分鐘車程的小鎮齋托(Kyaikto)，這是離大金石最近的交通樞紐，隔日可由此出發參觀勃固(Bago)後返回仰光，也可由此南下前往毛淡棉(Mawlamyine)或帕安(Hpa-an)等城市。

▲大金石以奇特角度坐落於吉諦瑜山的懸崖邊

環狀線火車巡禮

想體驗仰光市民生活，或許沒有比搭乘環狀線火車更輕鬆有趣的方式了。這條環形鐵路始建於英國殖民時期，49公里長的線路上設立有39座車站，連結了仰光市中心、周邊郊區與衛星市鎮，是當地低收入民眾的主要通勤工具，也是深受觀光客喜愛的交通體驗，每天搭載人次超過10萬人。當你於陳舊車廂就坐，真實的仰光生活便在眼前生動上演。車廂之內，販售食品與生活商品的小販遊走於搖晃的車廂，僧侶與身著傳統服飾的當地人於站點間自由來去；車窗之外，由溪谷至稻田，由別墅到簡陋小屋，再到鐵軌旁晾曬的鮮豔衣物與市場，每個窗景都像是凝結後的電影畫面。至於要在顛簸中看上3小時的緬甸日常，或是隨意找個車站下車，到鮮有觀光客涉足的場所來場探險，則端看你的喜好。

注意事項

1. 火車上沒廁所，請適量飲水。
2. 清晨是搭乘環狀線的最佳時刻，此時通勤人數眾多，生活感十足，氣溫也宜人。
3. 除了中央車站鄰近蘇雷佛塔、Pazun Daung車站鄰近翁山市場外，其餘站點距景點皆有距離，下車前最好看好回程時刻，或直接選乘計程車返回市區。

環狀線火車，中央火車站發車資訊

1. 售票與乘車：仰光中央車站第七月台。
2. 票價：15英里以下100緬元，15英里以上200緬元。
3. 車程：繞一圈約3小時，可於各站點隨時下車。
4. 發車時刻：分順時針（L）和逆時針（R）兩個方向，06:10(R/L)、08:20(R)、08:35(L)、09:30(R)、10:10(R)、10:45(L)、11:30(R)、11:50(R)、12:25(L)、13:05(R)、13:40(L)、14:25(R)、15:30(R)、16:40(L)、17:10(R)。

行家祕技　仰光村鎮生活

若仰光環狀線火車帶來的生活感令你意猶未盡，不妨安排半日至一日的時間，到下列地點體驗不一樣的村鎮生活。

丹林與皎膽

(Thanlyin & Kyauktan သန်လျင် / ကျောက်တန်း)
位於仰光河左岸，丹林在殖民時期曾是重要港口，緬甸的第一個基督教教堂便設立於此，而皎膽則以小島上的耶雷佛塔(Yele Paya，又名水中佛寺，票價2,500緬元)聞名。你可由蘇雷佛塔乘公車前往丹林，再轉摩托快艇(5,000緬元)前往水中佛寺。

達拉與端迪

(Dalah & Twante ဒလမြို့ / တွံတေး)
與仰光一河之隔，因交通不便而保留有極為原始的村鎮生活。可由Pansodan碼頭乘坐渡船(往返船票4,000緬元)前往達拉，再轉乘摩托計程車。

曼德勒 Mandalay မန္တလေး

城市概述

　　曼德勒位於緬甸中部，因背靠曼德勒山而得名，當地華僑又因其鄰近茵瓦古城而稱呼它為「瓦城」。1857 年，敏東王 (Mindon) 在此興建曼德勒城，作為緬甸末代王朝——貢榜王朝的都城與藝術中心。

▲馬哈穆尼佛寺是曼德勒的信仰中心

　　如今曼德勒已是緬甸第二大城，規畫有序的街巷喧囂而繁忙，來此尋覓混凝土建築群間的迷人廟宇與手工作坊、登臨曼德勒山賞夕陽，已成為許多旅行者到緬甸必做的事。

 豆知識

井然有序的街巷

　　由於建城晚，曼德勒的建設已具有都市計畫的概念。城內道路基本成棋盤狀，並按照數字順序命名，認起路來相當容易。其中東西向使用50以下的數字，越往南數字越大；南北向道路則由51開始，向西漸增至99街。市中心大約落在21-35th St. 和80-88th St之間的區域。而地址的辨認也同樣簡單，若看見68th St，21/22便代表建物座落於68街上，具體位置在21和22街中間。

建議行程

曼德勒城內景點主要集中於曼德勒山與皇城之間，僅有瑪哈穆尼佛寺與瑞因彬柚木寺位於城南，基本上一天就能逛完。

多數旅行者在曼德勒會停留 2～4 日，第 1 天參觀敏貢與市區景點，第 2 天安排周邊古城一日遊，第 3～4 天則前往彬烏倫或蒙育瓦等周邊市鎮。由曼德勒乘火車經谷特高架橋前往昔卜參加健行，也是很不錯的安排。

若欲參觀曼德勒景點群需購買10,000緬元的曼德勒套票，內含景點包括阿瑪拉布拉古城(Amarapura)、茵瓦古城(Inwa)、金色宮殿僧院(Shwe Nan Taw Kyaung)、曼德勒皇宮(Royal Palace)、山達穆尼佛塔(Sanda Muni Pagoda)、固都陶佛塔(Kuthodaw Pagoda)等地。票券可於上述任一景點售票處購買，購買後一票到底，7天內有效。

市內交通

往返曼德勒

曼德勒是緬甸中部重要交通樞紐，城內既有國際機場，又有長途巴士、火車與伊洛瓦底江渡輪，無論是前往其他城市或周邊國家都極為方便。

▲許多旅行者都會選擇租用機車探索曼德勒

當地交通

曼德勒的大眾運輸並不發達，多數旅行者會選擇租用機車 (10,000 緬元／天) 探索城市，若擔心無法應付紊亂交通，摩托計程車單趟約 1,500 緬元，一天約 10,000～12,000 緬元。包汽車一天則約 30,000～36,000 緬元。前往 Kwe Se Kan 長途汽車巴士站 5,000 緬元，車程 45 分鐘。

其他城市往返曼德勒交通時刻參考

出發城市	交通工具	營運公司	出發時間	車程	車資
仰光	長途巴士	JJ Express	21:30	10小時	16USD
	火車		06:00、15:00、17:00	15小時	4,600～12,750緬元
蒲甘	長途巴士	JJ Express	09:00	5小時	8USD
	火車		07:00	7.5小時	1,300～1,800緬元
	船運	Malikha	06:00	11.5小時	29USD
茵萊湖	長途巴士	JJ Express	20:00	8小時	12USD

(製表／詹依潔；以上僅列出部分公司，且資訊時有異動，完整訊息查詢方式可參考本書交通篇)

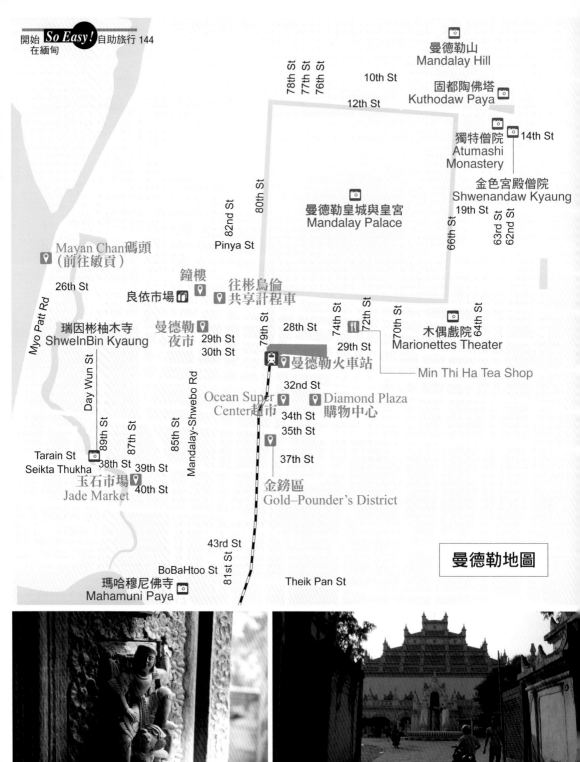

曼德勒山
Mandalay Hill

10th St

固都陶佛塔
Kuthodaw Paya

78th St
77th St
76th St

12th St

14th St

獨特僧院
Atumashi
Monastery

金色宮殿僧院
Shwenandaw Kyaung

80th St

曼德勒皇城與皇宮
Mandalay Palace

19th St

63rd St
62nd St

82nd St

Pinya St

66th St

Mayan Chan碼頭
（前往敏貢）

26th St

鐘樓

往彬烏倫
共享計程車

良依市場

Myo Patt Rd

瑞因彬柚木寺
ShweInBin Kyaung

曼德勒
夜市

29th St
30th St

28th St

74th St
72nd St
70th St

木偶戲院
Marionettes Theater

64th St

79th St

29th St

曼德勒火車站

Min Thi Ha Tea Shop

Day Wun St

32nd St

Ocean Super
Center超市

Diamond Plaza
購物中心

85th St

Mandalay-Shwebo Rd

34th St
35th St

89th St

87th St

38th St
39th St

37th St

Tarain St
Seikta Thukha

玉石市場
Jade Market

40th St

金鎪區
Gold–Pounder's District

43rd St

BoBaHtoo St

81st St

瑪哈穆尼佛寺
Mahamuni Paya

Theik Pan St

曼德勒地圖

曼德勒山 (Mandalay Hill မန္တလေးတောင်)

　坐落於皇城東北角的山丘，以能遠眺市景的平台和優美夕陽聞名。除了赤腳走過1,739級階梯，你也能騎車或包車直達山頂寺廟。

▲南面階梯入口

✉Mandalay Hill, Mandalay ◎全天開放 💲門票1,000緬元 ➡距皇宮約7公里，摩托計程車費約5,000～6,000緬元 🅿騎乘機車上山需額外支付200緬元過路費和200緬元停車費 MAP P.144

金色宮殿僧院 (Shwenandaw Kyaung ရွှေနန်းတော်ကျောင်း)

　原為皇城內敏東王的寢宮，後被繼任者遷移至現址並改為僧院，是唯一逃過轟炸的老皇城建築。寺院由柚木打造，精美細膩並貼上豪華金箔的雕刻，很值得一看。

▲室內柚木都貼附上了金箔

✉62nd Street, 13/14 ◎08:00～17:00 💲包含於套票 ➡曼德勒山腳步行約15分鐘 MAP P.144

▲金色宮殿僧院外觀

固都陶佛塔 (Kuthodaw Paya ကုသိုလ်တော်ဘုရား)

　建於1866年，729座白塔內的石碑刻有15冊的大藏經，被譽為「世界上最大的書」。與之相鄰的山達穆尼佛塔(Sandamuni Paya)也

▲每座白塔內都藏有石碑

有片類似的碑林，刻有大藏經批注。據傳當年敏東王曾動用2,400名僧人，不間斷的讀了半年，才將石碑上的經書讀完。

✉62nd Street, 10/11 ◎全天開放 💲包含於套票 ➡曼德勒山腳步行約5分鐘 MAP P.144

▲山達穆尼佛塔模型

▲佛塔數量宏大

曼德勒皇城與皇宮
(**Mandalay Palace** မန္တလေး နန်းတော်)

緬甸末代王朝——貢榜王朝的皇宮，原有建築在二戰期間被毀。如今護城河包圍的皇城內能見到1989年重建的皇家宮殿、收藏皇家用品的博物館和一座瞭望塔。

✉62nd Street, 10/11 🕐07:30～16:30 ➡位於市區，城市內摩托計程車單趟約1,500緬元 💲包含於套票 🅼ᴀᴘP.144

▲傍晚的皇宮城牆與護城河

瑪哈穆尼佛寺 (**Mahamuni Paya** မဟာမုနိဘုရား)

曼德勒的信仰中心，寺內一尊高約4公尺的青銅坐佛，被信徒層層疊疊的貼上近15公分厚的金箔，形象獨特。

▲周身貼金的大佛是曼德勒的信仰中心

每天早晨4點寺院會為大佛洗臉(臉部拋光)，據說流下的聖水可保平安，在信眾間非常搶手。

✉BoBaHtoo Road, 82nd Street和84 Street之間 🕐4:00～21:00 💲免費，攝影費1,000緬元 ➡位於市區南方約6公里，來回計程車約10,000緬元，更建議在參觀古城一日遊時順道瀏覽 ❓曼德勒周邊古城一日遊，行程通常包含瑪哈穆尼佛寺，若計畫參加則無需特意前往；金箔只有男性能貼，女性需交由工作人員協助 🅼ᴀᴘP.144

獨特僧院 (Atumashi Kyaung アトゥマシーチャウン)

原有柚木建築建於1857年，金碧輝煌的內室曾被譽為曼德勒最美麗的建築之一，可惜後毀於大火。現存之混凝土建築為軍政府於1996年為發展旅遊而重建，宏偉的外觀很顯眼。

✉63rd Street, 13/14 🕐9:00～17:00 💲包含於套票 ➡位於市區，金色宮殿僧院步行3分鐘 🅼ᴀᴘP.144

▲獨特僧院距離金色宮殿僧院很近，可順道瀏覽

瑞因彬柚木寺 (**Shweinbin Kyaung** ရွှေအင်ပင်ကျောင်း)

由兩位富有的中國玉石商人在1895年出資建造，全柚木建築上裝飾有細膩優雅的雕刻。僧院遊人罕至，氣氛寧靜。

▲柚木寺外觀

✉89th Street, 37/38 🕐全天 ➡據皇宮約5公里，摩托計程車約2,700緬元/趟 🅼ᴀᴘP.144

▲僧院內部的華麗木雕

曼德勒郊區

作為緬甸中北部的交通樞紐，曼德勒周邊遍布著許多可以一日往返的迷人目的地，其中以涵括茵瓦、實階與烏本橋的古城一日遊最為熱門。此外搭船前往敏貢賞大鐘，到彬烏倫享受歐式度假氛圍，或是至蒙育瓦看數萬尊佛像共築出的奇幻世界，也都十分受到遊客喜愛。

敏貢
Mingun

曼德勒郊區地圖

曼德勒皇城
Mandalay Palace

瑪哈穆尼佛寺
Mahamuni Paya

往蒙育瓦(約105km)

阿瑪拉布拉 瑪哈根達揚僧院
Mahargandaryone Monastery

實皆
Sagaing

往彬烏倫(約倫57km)

茵瓦
Inwa

阿瑪拉不拉 烏本橋
U-Bein Bridge

敏貢大鐘
Mingun Bell

欣華梅塔　　　　佛教養老院
Hsinbyume Paya　　Buddhist Nursing Home

辛特遺址
敏貢佛塔　　　　Chinthe Ruins
Mingun Paya

Point河景餐廳
Pondaw Paya

伊洛瓦底江

敏貢地圖　　往／返曼德勒碼勒頭

敏貢 (Mingun မင်းကွန်း)

　　與曼德勒隔著伊洛瓦底江遙相對望，是一座氣氛閒適的江畔村落。多數遊客會選擇乘船來此，徒步參觀三大景點後返回。若懶得步行，包牛車費用約為5,000緬元。

🕐04:00～21:00 💲敏貢景點聯票 5,000緬元 ➡交通船每日09:00由曼德勒26th街的碼頭出發，13:00由敏貢返回，船程1小時，來回票5,000緬元，需帶護照登記。從實階包車前往敏貢約需35分鐘 ❓三大景點距離不遠，步行即可輕鬆參觀；交通船每日只有一趟往返，記得注意回程時間 🗺P.148

▲辛特臀部遺址

敏貢佛塔
(Mingun Paya မင်းကွန်းပုထိုးတော်ကြီး)

又稱帕托道奇塔(Pahtodawgyi Paya)，由貢榜王朝波道帕耶(Bodawpaya)王於1790年興建，後因「塔成國滅」的預言與國王的逝世而停工。雖未能成功成為世界最大佛塔，但已完工的1/3仍舊氣勢驚人，攀至塔頂將能眺望伊洛瓦底江與不遠處的欣華梅塔。磚塔對面還有兩隻神獸「辛特」的臀部遺址。

▲已完成的佛塔底座，據說只占了最初規畫的1/3

敏貢大鐘
(Mingun Bell မင်းကွန်းခေါင်းလောင်း)

由波道帕耶(Bodawpaya)王下令鑄造，青銅材質，高3.9公尺，寬4.8公尺，重90噸，曾是世界上最大的鐘。你可以試著拿木槌敲響大鐘，或是鑽入鐘底感受鐘響的震撼。

▲敏貢大鐘

▲大鐘入口

欣華梅塔
(Hsinbyume Paya ဆင်ဖြူမယ်ဘုရား)

這座通體乳白的佛塔是巴基道王(Bagyidaw)為紀念難產去世的妻子而建。三層塔身象徵著佛教聖山——須彌山，其中第一層的塔基與小塔分別代表波浪與高山，造型獨特，很受攝影師喜愛。

▲通體乳白的欣華梅塔形象獨特，遠遠望去形似蛋糕，因此經常被暱稱為「奶油蛋糕塔」

古城一日遊

曼德勒南方坐落著阿瑪拉不拉、實階和茵瓦三大古城，多數旅行者會選擇租車、包車或參加Local Tour，在一日內玩遍這三座各具特色的城市。包車一日遊多在早上9點出發，夕陽後返程，費用35,000~50,000緬元。地圖請參考P.147。

SPOT 1

瑪哈穆尼佛寺
(Mahamuni Paya မဟာမုနိဘုရား)

一日遊通常由曼德勒市內的瑪哈穆尼佛寺開始，佛寺介紹見P.146。

SPOT 2

阿瑪拉布拉 瑪哈根達揚僧院
(Mahargandaryone Monastery
မဟာဂန္ဓရုံကျောင်းတိုက်)

緬甸最大的僧院之一，每天早上10:30將能看見千名僧人托缽領膳、用餐的壯觀畫面。

▲緬甸僧侶僅在清晨與上午用餐，中午後就不再吃任何固體食物

▲緬甸僧侶吃飯沒有禁忌，民眾供應什麼就吃什麼，葷素、茶水、飲料皆不禁

SPOT 3

實皆 (Sagaing စစ်ကိုင်း)

西元1760~1764年間撣族王國的首都，500餘座大小佛塔錯落於實皆山(Sagaing Hill)上，登頂下望，密布的金色塔頂、伊洛瓦底江的滔滔江水、平行並列的實皆橋與阿瓦大橋盡收眼底。

▲半月型的吳名東薩佛塔是實皆山上另一著名景點(圖片提供：Pandaw Cruise)

▲山頂的彭耶辛佛塔(Pon Nya Shin Paya)

SPOT 4
茵瓦 (Inwa အင်းဝ)

午餐後前往茵瓦，這座小城又名阿瓦(Ava)，自1364年起曾四度成為緬甸首都，如今歷史遺跡與翁鬱綠樹相互掩映，氣氛悠閒。當地四大景點距離稍遠，除非自行騎車前來，否則多得乘坐馬車參觀，費用1小時10,000緬元。

▲前往茵瓦需乘坐小船，來回船票1,000緬元

▲乘馬車穿梭於茵瓦的林間小徑

亞達娜欣敏佛塔(Yedanasimi Paya)

磚造佛塔組成的遺跡群，陳舊斑駁的三尊坐佛與傾頹的紅磚塔相互輝映，像是被時間遺忘的角落。

▲斑駁的坐佛

▲亞達娜欣敏佛塔具有衰敗的美感

馬哈昂美寺(Maha Aungmye Bonzan)

又稱米奴偶寺(Menuok Kuaung)，巴基道王(Bagyidaw)的皇后為國師建造的皇家寺院，是當時少見的石造建築，淡黃色外牆面上裝飾有大量雕花。參觀可購買曼德勒套票。

▲馬哈昂美寺富麗堂皇

寶迦雅寺(Bagaya Kuaung)

建於1834年，裝飾有大量蓮花與孔雀木雕的建築懸空建於267根柚木大柱上，寺內設有學堂，幸運的話將能遇見學習的小沙彌。參觀可購買需曼德勒套票。

▲寶迦雅寺全由柚木建造

南敏瞭望塔(Nanmyin)

興建於1822年，後因地震而傾斜，又被稱為「茵瓦斜塔」。目前因為安全因素，已禁止登塔。

▲南敏瞭望塔過往曾是重要的防禦塔與瞭望處

SPOT 5

阿瑪拉不拉 烏本橋
(U-Bein Bridge ဦးပိန် တံတား)

日落前趕回烏本橋，這座全長1,200公尺、橫跨東塔曼湖的柚木橋建於1851年，是世界最長的柚木橋，也是緬甸著名的地標。旅客與當地人多會選擇在日落時刻來此，或佇立橋面觀察熙來攘往的人潮，或包船(5,000緬元)徜徉在寧靜的湖面，氣氛浪漫。橋梁中段有部分橋柱已換成混凝土柱，拍照取景時最好避開。

▲有不少人選擇乘船由側邊欣賞烏本橋風光

▲乾季橋墩裸露，一派田園風景

▲枯木是烏本橋著名的風景

▲夕陽西下是烏本橋最迷人的時候

彬烏倫
(Pyin Oo Lwin ပြင်ဦးလွင်)

古稱「眉苗」，英國殖民時代政府官員的避暑勝地，城市氣候宜人，鄉村景色間散落著保存完好的殖民建築，與一座占地廣大的坎多吉國家花園(National Kandawgyi Garden)，充滿歐式度假風情。城市不大，很適合安排曼德勒出發的一日遊。參觀城區可租用腳踏車，也可以選擇乘坐馬車。

彬烏倫盛產咖啡，來到這裡不要忘了找間咖啡店喝一杯

$租用腳踏車約5,000緬元／天；馬車2,000～3,000緬元／趟；坎多吉花園門票USD 5 ➡曼德勒27街與82街路口乘坐皮卡車，車程2小時 ⁇彬烏倫氣候涼爽，早晚帶寒意，最好隨身帶上薄外套 MAP P.147

▲彬烏倫城內的英式教堂

▲坎多吉花園是彬烏倫最出名的景點，當地人經常攜家帶眷來此野餐

▲波黃桐臥佛

蒙育瓦 (Monywa မုံရွာ)

位於蒲甘與曼德勒間，體現緬甸古代與近代信仰的宗教重鎮。城郊藏有14～18世紀留下的精緻佛像，與絕美壁畫的蒲文桐(Powin Daung Caves)洞穴、由石山開鑿而成、被譽為迷你佩特拉的瑞巴桐(Shwe Ba Daung Caves)、反應現代緬甸虔誠信仰，藏有58萬尊佛像的丹波德佛寺(Thanboddhay Pagoda)、千尊悟道坐佛的波弟塔通菩提園(Bodhitah Taung)，和129公尺高的波黃桐立佛(Po Khaung Taung)都很值得造訪。若想看遍以上景點，最好預留兩天時間。

$丹波德佛寺門票3美金；蒲文桐、瑞巴桐門票各2美金；TukTuk車包車一天25,000～30,000緬元 ➡可由蒲甘或曼德勒Thiri Mandalar長途巴士站乘車，前者車程4～4.5小時，後者車程3.5小時 ⁇建議行程為首日參觀丹波德佛寺、波弟塔通菩提園、波黃桐立佛與市區，隔日參觀蒲文桐與瑞巴桐後搭乘傍晚的班車離開；蒙育瓦周邊皆為宗教景點 MAP P.147

▼丹波德童話寺內藏有數十萬尊佛像，氣勢驚人

▼蒲文桐洞穴內有許多至今仍保存完好的壁畫

蒲甘 Bagan ပုဂံ

城市概述

蒲甘被譽為千塔之城，和柬埔寨的吳哥窟與印尼的婆羅浮屠並列為亞洲三大佛教遺跡，是緬甸最迷人的景區之一。

1044年，阿奴律陀王(Anaweahta)於蒲甘建立緬甸的第一個大一統王朝，開啟了這片平原的輝煌，此後200多年間，超過1萬座佛塔被築起，直到1287年忽必烈鐵騎踏入，才終止了這個大興土木的年代。而後，戰爭與殖民的掠奪、風沙的侵蝕，以及1975年與2016年的兩次大地震皆對佛塔群造成一定程度的破壞，不少佛塔因而成為廢墟，湮沒於平原黃沙之中。

時至今日，平原上仍有約2,000餘座佛塔殘存，不論是拿著地圖按圖索驥探訪知名景點，於高處坐等日出日落，或是放膽於人煙罕至的不知名寺院探險，都是很不錯的體驗。

蒲甘考古區區費

蒲甘考古區區費為25,000緬元，效期 5日。收據務必隨身攜帶，工作人員會在熱門寺院不定時抽檢。

玩樂篇

蒲甘

建議行程

建議預留2～4日時間在蒲甘，第1天上午探訪北部平原與中央平原，將達瑪央吉、蘇拉瑪尼、阿南達寺等重要寺院一網打盡，下午在老蒲甘地區尋寶；第2天前往拜訪明卡巴、新蒲甘地區與南部平原的佛塔；第3～4天可輕鬆悠閒的於平原中探險，補齊前兩天的遺珠，找尋獨屬自己的荒廢佛塔，或是參加半日遊行程前往風景如畫的波巴山。

佛塔介紹

蒲甘地區的佛塔主要分布在娘烏、舊蒲甘、新蒲甘三者之間，建造年代為11～13世紀蒲甘王朝全盛期。由於數量眾多，要遍覽十分困難。此處

僅介紹最具代表性的幾座佛塔，其餘部分可參考地圖標示隨意探索。

蒲甘佛塔介紹 www.bagan.travelmyanmar.net

貼心 小提醒

遊佛塔注意事項

1. 佛塔沒有固定開放時間，大佛塔約從日出前到日落後開放，小佛塔則沒有限制。
2. 平原上罕有路燈，前往欣賞日出、日落時要特別小心，並記得帶上手電筒。
3. 蒲甘共殘留有2,000餘座佛塔，若不知如何取捨，可參考下方推薦、雇用馬車／包車請司機帶路，或者是直接跟著人群或遊覽車方向走。
4. 佛塔前經常有未鋪柏油的砂石小路，騎乘E-Bike要小心打滑。

區域交通

往返蒲甘

娘烏(Nyaung U)是蒲甘的交通樞紐，與境內重要城市間有飛機、火車與長途巴士等多種交通方

乘坐伊洛瓦底江渡輪往返蒲甘與曼德勒，是頗受好評的度假方式(圖片提供：Paukan Cruises)

式聯通，若是前往曼德勒，還可選乘伊洛瓦底江渡輪。其中巴士站與機場距娘烏市區約有10多分鐘車程，計程車約5,000～6,000緬元。

當地交通

要探索蒲甘平原，同樣也有眾多交通方式可選。喜愛探險者，可以選擇租用腳踏車(2,000～3,000緬元／天)或E-Bike(6,000～7,000緬元／天)；想輕鬆暢遊者，則建議選擇包車(25～30美金／天)或乘坐馬車(18,000～20,000緬元／天)。

其他城市往返蒲甘交通時刻參考

出發城市	交通工具	營運公司	出發時間	車程	車資
仰光	長途巴士	JJ express	20:00	9～10小時	19 USD
	火車		16:00	17.5小時	4～17 USD
曼德勒	長途巴士	JJ express	07:00	5小時	8 USD
	火車		21:00	8小時	1,300～1,800緬元
	船運	Malikha	07:00	9小時	42 USD
茵萊湖	長途巴士	JJ express	20:00	8小時	15 USD

(製表／詹依潔；以上僅列出部分公司，且資訊時有異動，完整訊息查詢方式可參考本書交通篇)

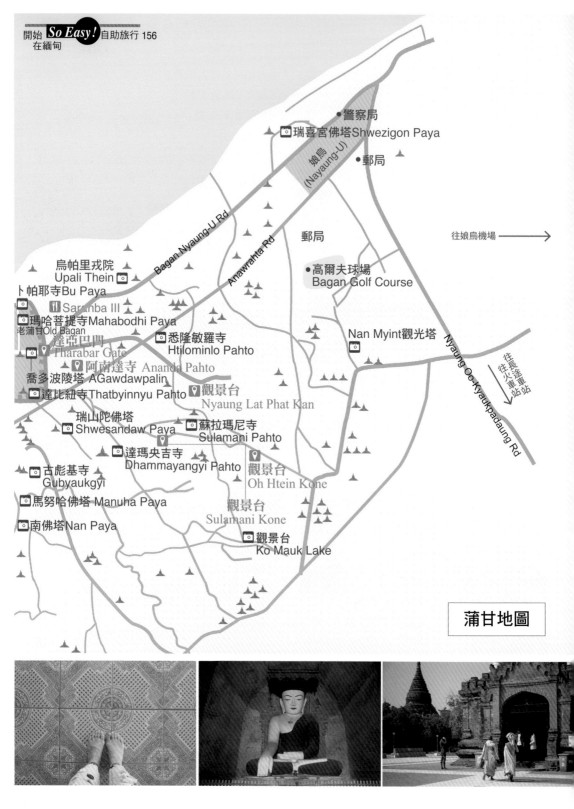

● 警察局

□ 瑞喜宮佛塔 Shwezigon Paya

娘烏 (Nayaung-U)

● 郵局

往娘烏機場 →

Bagan Nyaung-U Rd

郵局

Anawrahta Rd

● 高爾夫球場
Bagan Golf Course

烏帕里戒院
Upali Thein

卜帕耶寺 Bu Paya

□ Saraba III

□ 瑪哈菩提寺 Mahabodhi Paya

老蒲甘 Old Bagan

達亞巴門
Tharabar Gate

阿南達寺 Ananda Pahto

喬多波陵塔 AGawdawpalin

□ 達比紐寺 Thatbyinnyu Pahto

□ 悉隆敏羅寺
Htilominlo Pahto

Nan Myint 觀光塔

Nyaung Oo-Kyaukpadaung Rd

往長途客運站
往火車站

觀景台
Nyaung Lat Phat Kan

瑞山陀佛塔
□ Shwesandaw Paya

□ 蘇拉瑪尼寺
Sulamani Pahto

□ 達瑪央吉寺
Dhammayangyi Pahto

觀景台
Oh Htein Kone

古彪基寺
Gubyaukgyi

□ 馬努哈佛塔 Manuha Paya

觀景台
Sulamani Kone

□ 南佛塔 Nan Paya

□ 觀景台
Ko Mauk Lake

蒲甘地圖

娘烏區域

鄰近背包客齊聚的娘烏鎮，區域內的瑞喜宮和阿南達寺信眾眾多，是現代蒲甘重要的信仰中心。

✉ Bagan-Nyaung U Rd和Anwrahta Rd兩側 ⏰ 沒有固定時間，大佛塔約從日出前到日落後開放 💲 蒲甘考古區區費 ➡ E-bike5～15分鐘車程內 🗺 P.156

瑞喜宮佛塔
(Shwezigon Paya ရွှေစည်းခုံဘုရား)

推薦

歷經Anawrahta和Kyansittha兩代國王，耗時31年建成，是蒲甘王朝的開國之塔，也是當地唯一用石頭建造的佛塔，因收藏有佛骨而信

▲ 瑞喜宮佛塔被譽為蒲甘最靈驗的佛塔

眾如織，後世許多佛塔皆以它為範本興建。佛塔三層方形平台與其上鐘型塔鍍了金，在陽光下十分耀眼。

▲ 在蒲甘重要寺廟前，都能見到標示佛塔名稱的立牌

▲ 瑞喜宮佛塔精緻的裝飾

阿南達寺 (Ananda Pahto အာနန္ဒာဘုရား)

Kyansittha王於1090～1105年間興建，號稱蒲甘最美的佛塔。其中南面與北面兩尊立佛的面容設計精妙，遠看慈祥帶笑，近看肅穆莊嚴。

推薦

▲ 緬甸人經常捐贈善款給寺廟

▲ 阿南達寺內的佛像

▲ 阿南達寺有蒲甘最美佛塔的稱號

悉隆敏羅寺
(Htilominlo Pahto ထီးလိုမင်းလိုဘုရား)

興建於1218年，為塔高46米的雙層佛塔。據傳當年Nantaungmya國王在太子選拔儀式中因白傘傾倒向他而獲選，遂在原址興建此寺以作紀念。

▲悉隆敏羅寺周邊還有數座小塔，可一併參觀

▲悉隆敏羅寺

烏帕里戒院 (Upali Thein ဥပါလိသိမ်)

建於13世紀，原為舉行出家儀式的地點，因精美的壁畫而聞名，2016年地震後暫時禁止入內。

▲烏帕里戒院外牆裝飾有大象等雕塑，形象生動

老蒲甘區域

由古老的磚石城牆包圍，區域內佛塔密布，很適合步行瀏覽，走上一圈大約1.6公里。此區也是蒲甘高級酒店最集中的區域。

✉達亞巴門西側，古城牆範圍內 ◐沒有固定時間，大佛塔約從日出前到日落後開放 $蒲甘考古區區費 ➡距娘烏約4.5公里，E-bike約15分鐘車程 MAP P.156

喬多波陵塔
(Gawdawpalin ကောတော့ပလ္လင်ဘုရား)

建於1175年，由Htilominlo國王和父親共同完成，為蒲甘最壯觀的佛塔之一。雙層寺院屬於中晚期風格，1975年地震後重建的內部已鋪上彩色地磚，改建為現代化的祭壇。目前二層不對外開放。

▲喬多波陵塔外型與達比紐寺有些相像　▲地震後重修的內部已改建為現代化的祭壇

達比紐寺　推薦
(Thatbyinnyu Pahto သဗ္ဗည‌ုဘုရား)

Alaungsithu國王在1144年建造，以大量石頭與磚塊砌成，名稱意指佛祖「無所不知」的能力，是蒲甘最高的佛塔。寺廟不僅氣勢驚人，建築裝飾也很細膩。

▲不少旅客會選擇乘坐馬車探索蒲甘

卜帕耶寺 (Bu Paya ပုံးဘုရား)

緊鄰伊洛瓦底江，「Bu」在緬語意為胡瓜，和佛塔造型相呼應，據傳是為紀念布索堤王子根除擾民的胡瓜樹而建造，現存建築為1975年地震後重建。佛塔最大魅力的是可以欣賞江畔夕陽。

▲胡瓜造型的佛塔在緬甸其他地方極為少見

▲卜帕耶寺

▲從卜帕耶寺眺望伊洛瓦底江

達亞巴門
(Tharabar Gate သရပါတံခါး)

建於849年，是蒲甘城牆上僅存的舊城門。拱形大門左右的壁龕分別供奉有金臉女士和她的兄長英俊王，蒲甘信眾經常在此供奉香蕉、椰子等祭品以祈求交通平安。

▲穿越達亞巴城門就正式進入了老蒲甘區域

瑪哈菩提寺
(Mahabodhi Paya မဟာဗောဓိဘုရား)

1215年興建，外型仿造佛祖開悟地——印度菩提伽耶的同名佛塔建造，但規模稍小一些，是蒲甘唯一採用印度孟加拉風格的佛塔。寺院的方錐形塔身上鑿有無數佛龕，每一龕內設一坐佛，十分具有特色。

▲瑪哈菩提寺的印度式尖塔相當特別

▲巨大的達瑪央吉寺在平原上頗為顯眼

中央平原區域

　　位於新蒲甘與娘烏間的廣大平原，區域內散落著眾多佛塔，著名的瑞山陀佛塔、達瑪央吉寺和蘇拉瑪尼寺皆位於此。

✉Anwrahta Rd以南　⏰沒有固定時間，大佛塔約從日出前到日落後開放　💲蒲甘考古區區費　➡距離娘烏鎮約有10～30分鐘E-bike車程　MAP P.156

瑞山陀佛塔
(Shwesandaw Paya ရွှေဆံတော်ဘုရား)

　　坐落於平原中心，這座建於1057年的佛塔，因珍藏有佛髮舍利而得名。雖然代表性的日落景觀已成絕響，但白色金字塔狀的優雅外貌仍舊迷人。

▲過往需手腳並用才能順利上塔

▲佛塔曾因絕佳的視野而聞名，可惜最近已禁止攀登

達瑪央吉寺
(Dhammayangyi Pahto မ္မွရ်ကြီးဘုရား)

推薦

　　建於1170年，興建者Narathu是緬甸著名的暴君，據說當年他曾下令若磚石間能插入一根針，便要砍斷工匠雙手，因此達瑪央吉可以說是蒲甘佛塔砌磚技術的巔峰。

▲巨大的達瑪央吉寺在平原上頗為顯眼

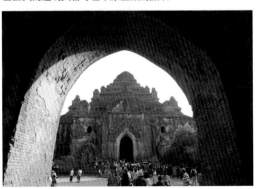
▲達瑪央吉寺前方有著連綿的拱門

蘇拉瑪尼寺
(Sulamani Pahto စူဠာမဏိဘုရား) 推薦

西元1183年由
Narapatisiyhu國王
興建，意為「皇冠
上的寶石」，為蒲
甘王朝晚期建築代
表作，寺內有眾多
保存完好的大型壁

▲蘇拉瑪尼寺採光不錯，可以清楚欣賞寺內壁畫

畫與雕刻，是蒲甘最值得造訪的佛寺之一。

▲寺內的大小壁畫保存得相當完好

▲蘇拉瑪尼寺

明卡巴與新蒲甘區域

坐落於蒲甘南部的區域，因距離主要住宿地較遠而遊人罕至，區內三大佛塔各有特色。其中明卡巴區也是著名的漆器之鄉，若想添購高品質漆器做伴手禮，推薦來此選購。

✉Bagan-Chauk Rd兩側 🕐沒有固定時間，大佛塔約從日出前到日落後開放 💲蒲甘考古區區費 ➡距離娘烏鎮約有20分鐘E-bike車程 MAP P.156

古彪基寺 (Gubyaukgyi ဂူပြောက်ကြီး)

Rajakumar國王為紀念父親而於1113年建造，內部藏有精美而豐富的彩色壁畫。驃族風格小窗導致室內採光不足，要看清壁畫並不容易。寺內禁止攝影。

馬努哈佛塔 (Manuha Paya မနူဟာဘုရား)

建於11世紀，名稱來自被俘虜的孟族國王，最大特色為幾乎頂到天花板的三尊巨大坐佛和一尊臥佛。

南佛塔 (Nan Paya နန်းဘုရား)

建於11世紀的磚造佛塔，塔內砂岩石刻以印度教典故取代常見的佛教故事，是蒲甘最精美的雕刻之一。

行家祕技　蒲甘住哪兒？

蒲甘平原上共有3個主要的住宿地，旅客可按預算與需求做選擇：

娘烏 Nyaung U：蒲甘的交通樞紐，生活機能齊全，以經濟型住宿為主，是背包客的集散地，離主要佛塔區約有3公里距離。

老蒲甘 Old Bagan：鄰近重要遺跡，周邊以高級飯店為主，消費較高。

新蒲甘 New Bagan：新興的發展區，擁有眾多新穎的中級旅館和唯一的遊客中心。

蒲甘周邊

蒲甘周邊景點以2小時車程外的波帕山最為出名，若看膩了平原上滄桑的古佛塔，不妨安排一日遊前往波帕山登高望遠。

波帕山 (Mt. Popa ပုပ္ပားတောင်)

名稱源於巴利語的「花」，為一座死火山，相傳為波巴兄妹神等37位神靈寄居之所，是納特(Nat)教徒心中的聖山。

通往山上的道路共有777級台階，途中猴群齊聚，他們偶爾會搶奪旅客身上的食物或配件，需格外小心。此外當地人還相信穿著紅色和黑色衣服，或是帶著肉品上山將會冒犯神靈，導致不幸。

▲波帕山山腳村落(圖片提供：蘇家榮)

▲前往山頂朝聖的當地人(圖片提供：蘇家榮)

▲波帕山寺院內部(圖片提供：蘇家榮)

▲路邊小販(圖片提供：蘇家榮)

◐全天 ➡蒲甘娘烏車站每天08:30有一班車前往波帕山，13:00返程，車程2小時，票價3,000緬元。半日遊行程4,000～6,000緬元，包車35,000～45,000緬元 ℹ前往山區的道路上有猴群聚集，最好避免手提食物上山以免被搶

▲遠眺波帕山(圖片提供：蘇家榮)

▲要想參觀山頂寺院，得先經過777級階梯的考驗(圖片提供：蘇家榮)

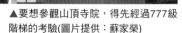

蒲甘日出與日落之美

千座佛塔的日出與日落是蒲甘最具代表性的美景，為了它奔赴緬甸的旅行者亦不在少數。可惜2016年一場6.8級大地震導致佛塔受損嚴重，目前為了維護佛塔，並避免遊客自佛塔衰落受傷，甚至死亡的憾事重演，緬甸政府已全面禁止佛塔的攀爬。

雖然不少當地人與旅館仍會推薦無人看管的小型佛塔，當地政府對攀爬的管制也不算嚴苛，但為了自身安全，最好還是至下列合法地點觀賞。

熱氣球

若想一覽蒲甘平原全景，搭熱氣球賞日出或許是最好的方式。這個夢幻體驗僅在每年10～3月營運，飛行時間約45分鐘～1小時，期間駕駛將帶你飛躍平原上空，俯望金黃色的大地與佛塔，並以香檳和證書作為旅程完美句點。

目前蒲甘熱氣球公司主要有Ballon Over Bagan、Golden Eagles Ballooning和Oriental Ballooning，三者路線差別不大。記得提早上網預訂，旺季的熱氣球極為熱門，經常在數月前就被預訂一空。

熱氣球公司

1. Ballon over Bagan

紅色氣球，規模最大的熱氣球公司，分為16人筐(350美元)和8人筐(450美元)兩種。

🌐 www.balloonsoverbagan.com

▲蒲甘最大的三間熱氣球公司代表色分別為紅、綠、黃三色

2. Oriental Ballooning

綠色汽球，旅遊評價網站Tripadvisor上排名第一的公司，以8人筐為主，價格399美元。

🌐 www.orientalballooning.com

3. Golden Eagle Ballooning

黃色氣球，分8人筐(360 美元)和12人筐(300美元)。

🌐 www.goldeneagleballooning.com

觀景平台

官方觀景平台

為了滿足遊客欣賞日出、日落的需求，緬甸政府在地標蘇拉瑪尼佛塔(Sulamani Pagoda)

▲蒲甘有許多觀景平台可以眺望佛塔

周邊興建了數座人造丘陵與觀景平台，目前已開放的有Ko Mauk Lake、Oh Htein Kone、Nyaung Lat Phat Kan和Sulamani Kone等四座。

Nan Myint觀光塔(Nan Myint Tower/ Bagan Viewing Tower)

位於五星酒店Aureum Palace Hotel & Resort Bagan旁的觀光塔，高66米，提供360度蒲甘環景，9樓附設有餐廳。住客可免費登塔，非住客則需支付5美金。

▲平原上大多是沒有路燈的砂石小路，騎車時要注意安全

茵萊湖 Inle Lake အင်းလေးကန်

城市概述

　　茵萊湖位於緬甸東北部撣邦高原，是當地第二大淡水湖，面積約有 158 平方公里。世居於此的茵達族 (Intha) 以能夠單腳控槳划船聞名，而群山環繞、水波蕩漾的自然風光，以及獨特的水上村莊、寺院與菜園，都是茵萊湖遊人如織的原因。優美風景讓它經常被形容為「遺世獨立的桃花源」。

　　目前湖上共有約 17 個賴湖維生的村落，其中北面的娘水 (Nyaung-Shwe) 規模最大，是多數旅行者探索茵萊湖的基地。於茵萊湖停留需購買 13,500 緬元的區域門票，效期 5 天。

▶ 近年開放的卡古佛塔塔林景色壯觀，吸引不少旅客特地前往

建議行程

在茵萊湖最好待上至少2天，第1天包長尾小船參觀湖上景點並欣賞夕陽；第2天可以在欣賞日出後，租用腳踏車探索湖畔村落、紅酒莊園，或是包車前往瑞揚比亞寺與卡古佛塔塔林一日遊。

▲若想體驗更真實的茵萊村落生活，不妨租用腳踏車探索周邊村落

區域交通

外由格勞 (Kalaw) 健行來此的 2 ～ 3 日行程也很熱門。

往返娘水

娘水 (NyaungShwe) 是茵萊湖最主要的市鎮，也是包船遊湖的出發地。多數前往東枝 (Taunggyi) 的夜間 VIP 巴士都會路過娘水，只要事先說明下車地點即可。若選擇飛機或火車，則分別需要在海霍 (Heho) 和達西 (Thazi) 中轉，較為麻煩。此

▲娘水鎮上的長途巴士站

當地交通

娘水鎮不大，步行即可，若想省力或探索周邊村莊可以租用腳踏車，費用 1,000 ～ 1,500 緬元／天。湖面景點則需要包長尾小船探訪。

▲長尾小船是茵萊湖上最主要的交通工具

其他城市往返茵萊湖交通時刻參考

出發城市	交通工具	營運公司	出發時間	車程	車資
仰光	長途巴士	JJ express	18:00	12小時	19 USD
曼德勒	長途巴士	JJ express	09:00、22:00	10小時	10～12 USD
蒲甘	長途巴士	JJ express	08:30、22:00	10小時	15 USD

(製表／詹依潔；以上僅列出部分公司，且資訊時有異動，完整訊息查詢方式可參考本書交通篇)

往瑞揚比亞與卡古佛塔塔林

📍娘水鎮

📷
紅山莊園
Red Mountain Estate

空丹村 📷
Khaung Daing

📷 麥稻村
Maing Thauk

水上菜園 📷
Floating Gardens 🏨 Paramount Inle Resort

納頗僧院 📷
Nga Hpe Kyaung

五日市場 Five Days Market 📷
水上市場
Floating Market

Shwe Inn Tha
🏨 Floating Resort

📷 彭都奧佛塔
Phaung Daw Oo Pagoda

茵生村 📷
Indein

🍴
Inle Heritage

茵萊湖地圖

玩樂篇

茵萊湖

娘水鎮地圖

Linn Htat Myanmar Food

📍明伽拉市場Mingala Market

📍泰南橋Teik Nan Bridge

📍KBZ銀行

🍴夜市

📍乘船處(碼頭)

Kyauk Taing Ashae St

Strand Rd

Myawaday Rd

Nandawun St

Yone Gyi St

Phaung Daw Side Rd

📍雅達那曼昂佛塔
Yadana Man Aung Paya

Strand Rd

Phaung Daw Pyan Rd

Bamboo Delight 🍴

茵萊湖

　　幾乎每個到達茵萊湖的旅客都會選擇包船探訪湖上景點，操控長尾摩托小船的船夫，將在一天內帶你走過數個湖上村莊、手工作坊與知名寺廟，並在欣賞茵達族單腳操槳船夫後返回村落。其中包含茵生村(Indein)的一日遊約20,000～25,000緬元，不含茵生村則為15,000～20,000緬元。

　　你可以向旅館、旅社預訂行程，也可以直接前往泰南橋畔的碼頭與船夫直接議價。

▲乘船往茵生村的路上很有急流探險的感覺

茵生村 (Indein)

　　穿越激流探般的狹小河道，便來到茵生村。村內主要景點為1,054個佛塔組成的瑞因登佛塔群(Shwe Inn Thein Paya)和傾頹的良奧哈佛塔(Nyaung Ohak Pyay)。它同時也是五日市場的舉辦地之一。

✉️Indein Village, Inle Lake　💲參觀免費；瑞因登佛塔相機費500緬元　➡️包船前往　MAP P.166

▲茵生村，瑞因登佛塔群

五日市場 (Five Days Market)

由五組村鎮輪流舉辦的鄉村市場，每逢初一與滿月休市，是茵萊湖地區的特殊傳統，其中又以育瓦瑪(Ywama)的水上市場最具特色。具體舉辦日期與地點，可直接向旅店老闆和船夫諮詢。

✉依日期而定 ◷無固定時間，通常由清晨至午後 🚢包船前往 💲參觀免費 🌐www.anada-travel.com，選擇「General Infos」→「Festivals-Market Day」→「Market Day-Inle Lake」❓五日市場並非定點舉辦，若有特別想看的市場最好提前查詢與規畫 🗺P.166

▲茵生村的市場是五日市場中規模較大的一個

彭都奧佛塔

(Phaung Daw Oo Pagoda ဖောင်တော်ဦးဘုရား)

又稱五佛寺，寺內供奉的五尊佛像，因信徒貼上的大量金箔而呈現金球外型，相當特別。每年9月下旬～10月上旬間，寺院會舉行佛像繞湖儀式，屆時茵萊湖將熱鬧非凡。

◷由清晨至日落 💲參觀免費；攝影費500緬元 🚢包船前往 🗺P.166

▲寺內佛像已被信徒貼上的金箔包裹成圓球狀

手工作坊 (Workshop)

湖面上分布有多種手工作坊，包含造船、製傘、銀飾、紡織等。若不想參觀太多購物站式的手工作坊，聘有長頸克耶族(Kaya)模特兒的飾品作坊、生產茵萊湖特有蓮藕絲織品的紡織作坊，和販售緬甸雪茄的捲菸作坊，最值得到訪。

▲飾品作坊的克耶族模特兒

◷無固定時間，通常由清晨至日落 🚢包船前往 💲參觀免費；購物則依品項而定，可殺價 ❓茵萊湖上有多種手工作坊，若有特別感興趣的手工藝品，可預先跟船夫討論並安排參觀

納頗僧院

(Nga Hpe Kyaung ငဖယ်ချောင်းကျောင်း)

建於1850年的老舊僧院，因能夠跳過圓環的貓而聞名。為了避免打擾僧侶，這些貓目前已「退休」不再表演。不過寺內展示有撣族、西藏、蒲甘與茵瓦等多種風格佛像的75座百年座檯，仍值得你到訪。

🕐由清晨至日落　🚤包船前往　MAPP.166

▲僧院藏有眾多風格殊異的精緻佛像

▲能跳圈的貓曾是僧院最著名的「吉祥物」

水上菜園 (Floating Gardens)

以浮萍與泥土構建的水上菜園，種植有番茄、南瓜、玉米等蔬菜。若運氣不錯，將能看到茵達族農夫乘船穿梭中央水道播種、除草或收成的畫面。

🕐全天　🚤包船前往　MAPP.166

▲茵達族利用長竹子固定菜園

茵達族漁夫 (Fishermen)

為了方便撒網，茵達族漁夫練出了一身單腳划船的技藝，也成為茵萊湖最具代表性的人文景色。每天日出與日落，都會有2～3名船夫於定點表演這項「獨門功夫」，供遊客拍照並索取小費。

🕐日出與日落時　💲免費，但須給予小費　🚤包船前往

▲茵達族船夫各個都身懷單腳划船的絕技

行家祕技　乘船賞日出

除了一日遊，包船賞日出也是錯過可惜的茵萊湖體驗之一。行程通常在早上05:30左右出發，乘船經過充滿薄霧、宛若雲端的航道，接著於定點欣賞日出與漁夫表演，07:30左右返回鎮上。一艘船約6,000緬元。

▲ 清晨的茵萊湖帶有薄霧，小船就像航行在雲霧中；利用早晨出來捕魚的漁夫

貼心 小提醒

包船注意事項

1. 價格以船為單位計算，最多可搭4～5人。
2. 上船前確認所有停靠景點與總費用，若要看日落建議特別說明。
3. 當地日夜溫差大，若出發時間早記得帶外套，有些船家會提供毛毯，可事先詢問。
4. 湖面上完全無遮蔽，最好自備大帽簷的遮陽帽。
5. 自備瓶裝水，但適量飲用。湖面上攤販與廁所都不好找。

茵萊湖周邊

看過湖上景點，不妨把腳步向周圍延伸，茵萊湖周邊的景點其實和湖景同樣迷人。

湖畔村落

對喜愛深入當地的旅行者而言，租用腳踏車探訪山丘上的佛塔與湖畔村落是不錯的選項，沿途的田園風光令人印象深刻。其中最受歡迎的路線是先騎行約半小時前往東邊的麥稻村(Maing Thauk)，接著乘小船跨湖(7,000緬元／船)前往空丹村(Khaung Daing)與空丹溫泉(Khaung Daing Hot Spring)，最後再騎行約1小時返回娘水。

麥稻村與空丹村周邊皆有數個能眺望湖景的丘陵與佛塔，若體力足夠，可向當地人打聽後前往。

⊙無固定時間，通常由清晨至午後 ➡租用腳踏車前往 $村落免費；空丹溫泉USD10 ⁉鄉村小路顛簸不平，若騎乘距離較長，要有屁股痛的心理準備；雖沿途多有樹蔭，但仍須注意防曬 MAP P.166

▲ 前往空丹村的路途之中

▲ 茵萊湖邊的村落自然純樸，很值得造訪

紅山莊園 (Red Mountain Estate)

想來點獨特體驗？不妨前往2002年開業的紅山莊園。這座葡萄酒莊坐落於半山腰上，附設的餐廳視野遼闊，包含兩種紅酒、兩種白酒的Tasting Menu只要5,000緬元，一邊品酒一邊遠眺茵萊湖景相當享受。由娘水騎乘腳踏車前往約需30～45分鐘。

✉ Taung Chay Village, NyaungShwe 📞 081-209 366、081-209 5544 🕐 09:00～18:00 ➡ 租用腳踏車前往 💲 單點 2,500～7,500緬元／杯、11,000～32,000緬元／瓶 🌐 www.redmountain-estate.com ⁉ 自行騎乘腳踏車前往者記得注意勿飲酒 🗺 P.166

瑞揚比亞寺與卡古佛塔塔林
(Shwe Yaunghwe Kyaung & Kakku Pagodas)

兩者皆位於娘水鎮北面，可包車在一日內參觀。其中瑞揚比亞寺距娘水2.4公里，是一處200多年歷史的柚木僧院，獨特橢圓窗戶映著讀書僧侶的畫面很受攝影者歡迎。裝飾有大量鑲嵌佛龕的寺院也值得一看。

卡古佛塔塔林距娘水鎮約有2.5小時車程，是當地少數民族勃歐族(PA-O)的信仰中心，2,487座風格各異的佛塔整齊排列於1平方公里的土地上，風起時塔頂鈴鐺齊聲作響，景色壯觀而悅耳。除了門票，參觀塔林還需聘請嚮導。

瑞陽比亞寺

🕐 日落前開放 ➡ 租用腳踏車或包車前往 ⁉ 參觀時最好輕聲細語，避免打擾小沙彌上課 🗺 P.166

卡古佛塔塔林

🕐 日落前開放 ➡ 包車前往 💲 包車一日遊約44,000～50,000緬元／車；卡古佛塔塔林門票3美金，導遊費5美金 ⁉ 前往卡古佛塔塔林須聘請勃歐族嚮導同行，包車司機會帶你前往東枝辦妥辦理手續；卡古佛塔塔林為勃歐族聖地，請跟隨嚮導參觀並聽從指示，避免做出失禮行為 🗺 P.166

▲瑞揚比亞寺的鑲嵌佛龕多由各國信眾捐贈，上頭的捐贈者標示宛如聯合國　▲瑞揚比亞寺讀書的小僧侶

▲卡古擁有數量龐大的佛塔

緬甸建議行程

緬甸地域廣闊，建議最少安排 5 天以上的假期，一次遍遊經典城市約需 10 日，若想深入而完整的探索緬甸，則可能需時 1 個月以上。以下行程建議僅供參考，你仍可依自身興趣與預算進行調整。更多行程細節詳見各城市章節。

5天雙城主題旅遊

以仰光為進出口，挑選一座感興趣的城市深入參觀。喜歡遺跡者可以前往蒲甘，偏愛自然風光者可前往茵萊湖，偏好古城或宗教景點則建議前往曼德勒。

▲仰光大金塔是緬甸代表景點，可安排在抵達或離開當天參觀

方案一

Day1	台灣－仰光：中午前抵達仰光，參觀大金塔後乘夜車前往下座城市。

Day2～3 蒲甘／茵萊湖／曼德勒：按興趣參觀蒲甘、茵萊湖或者曼德勒的景點，並再度搭夜車返回仰光。

Day4 仰光：上午乘坐環狀線火車，下午參觀蘇雷佛塔區並前往翁山市場購物。

Day5 仰光－台灣：返回台灣。

方案二

Day1 台灣－仰光：中午前抵達仰光,轉國內線航班前往額布里海灘。

Day2～3 額布里海灘:盡情享受潔淨沙灘、清涼海水與閃耀星空。

Day4 仰光:上午搭機返回仰光,下午前往大金塔或翁山市集。

Day5 仰光－台灣:返回台灣。

10天經典路線

　　將仰光、蒲甘、茵萊湖與曼德勒一次玩遍的經典行程。

Day1 台灣－仰光:中午前抵達仰光,參觀大金塔後乘夜車前往蒲甘。

Day2～3 蒲甘:租用電動車探索蒲甘平原,登上觀景平台賞日出與日落。第二晚乘夜車前往曼德勒。

Day4 曼德勒:上午前往敏貢,下午參觀市區景點,傍晚登上曼德勒山賞夕陽。

Day5 曼德勒:包車參觀曼德勒周邊古城和烏本橋,乘夜車往娘水。

Day6 茵萊湖:上午補眠,下午租腳踏車拜訪湖畔村莊或紅山葡萄酒莊園。

▲蒲甘佛塔雕刻

Day7 茵萊湖:包船參觀湖面景點。

Day8 茵萊湖:參觀瑞揚比亞寺與卡古佛塔塔林,夜車回仰光。

Day9 仰光:上午乘坐環狀線火車,下午參觀蘇雷佛塔區並前往翁山市場購物。

Day10 仰光－台灣:返回台灣。

15天經典路線與主題旅遊

　　以經典路線為基礎,按喜好加入健行、火車與周邊市鎮。依個人興趣不同,可搭配出多種行程。

Day1 台灣－仰光:中午前抵達仰光,參觀大金塔後乘夜車前往蒲甘。

Day2～3 蒲甘:租用電動車探索蒲甘平原,登上觀景平台賞日出與日落。

Day4 蒲甘－蒙育瓦:上午搭乘巴士前往蒙育瓦,參觀丹波德佛寺、波黃桐臥佛與波弟塔通菩提園,晚上逛蒙育瓦夜市。

Day5 蒙育瓦－曼德勒:參觀蒲文桐與瑞巴桐,傍晚前往曼德勒。

Day6 曼德勒:上午前往敏貢,下午參觀市區景點,傍晚登上曼德勒山賞夕陽。

▲若時間充足,可留2～3天探索蒲甘佛塔

▲如有15天以上時間，可把蒙育瓦等周邊市鎮納入行程

Day7	**彬烏倫**：由曼德勒前往彬烏倫一日遊。	
Day8	**曼德勒**：包車參觀曼德勒周邊古城和烏本橋，乘夜車往格勞。	
Day9	**格勞**：上午休息，下午參觀格勞市區。	
Day10～11	**格勞－茵萊湖**：參與2日健行行程，前往茵萊湖。	
Day12	**茵萊湖**：上午休息，下午租腳踏車拜訪湖畔村莊或紅山葡萄酒莊園。	
Day13	**茵萊湖**：包船參觀湖面景點，乘夜車回仰光。	
Day14	**仰光**：上午乘坐環狀線火車，下午參觀蘇雷佛塔區並前往翁山市場購物。	
Day15	**仰光－台灣**：返回台灣。	

▲緬甸有很多不錯的短程健行路線

▲時間足夠、預算充裕者，也可以考慮多天的郵輪行程(圖片提供：Pandaw Cruise)

緬甸文
指指點點
玩樂篇

စေတီ	ပြတိုက်
佛塔/寺廟	博物館

ဥယျာဉ်	မြို့ဟောင်း
公園	古城

နန်းတော်	အပျက်အစီး	ဘယ်လှည့်
宮殿	遺跡	左轉

ညာလှည့်	တည့်တည့်သွား	ကျွန်ုပ်သွားချင်ပါသည်
右轉	直走	我要去……

ဘယ်လိုသွားသလဲ	ဝေးသလား
怎麼去那裡？	它很遠嗎？

ကျွန်ုပ်လမ်းပြတစ်ယောက်လိုချင်တယ်	လက်မှတ်ဘယ်မှာဝယ်ရမလည်း
我需要一位嚮導	門票在哪裡買？

အဲဒီကိုဝင်ခဘယ်လောက်လဲ	ဓာတ်ပုံရိုက်လိုရလာ
門票多少錢	可以拍照嗎？

နင်ငဲ့ကိုဓာတ်ပုံတစ်ပုံလောက်ရိုက်ပေးနိုင်မလား
能幫我照張相嗎？

…… ဘယ်မှာလဲ॥	ညွှန်ပြပေးပါ॥
……在哪裡	能在地圖上指給我嗎？

နင်ငဲ့ကိုဘယ်ခရီးသွားသင့်လဲပြောပြပေးပါ
你能給我一些行程建議嗎

ငါခရီးတစ်ခုအတွက်ဘွတ်ကင်လုပ်ချင်တယ်
我想要預定行程

通訊篇
Communication

在緬甸要打電話、上網、寄信怎麼辦？

自外國電信商進駐緬甸後，緬甸SIM卡費用已從每張100～300美元降至不足2美元，設置有無線網路的旅館、餐廳、咖啡廳亦快速增加，通訊業可謂發展迅速。不過在鄉村地區，網速緩慢、3G訊號微弱等問題仍普遍存在。本篇介紹緬甸通訊現狀及打電話、上網和寄明信片的方式。

打電話

國際電話昂貴，建議多加利用通訊軟體的免費通話功能。

從台灣打到緬甸
國際冠碼+緬甸國碼+區域號碼+電話號碼

撥打方法	國際冠碼+	國碼+	區域號碼+	電話號碼
打到緬甸市話	002／009／019等	95	1(仰光)或其他區域號碼	市話號碼5～8碼
打到緬甸手機	002／009／019等	95	手機號碼去0	手機號碼9碼

舉例說明
1. 緬甸市話 (1) 123456，從台灣撥打方式：002 95 1 123456
2. 緬甸手機0943068299，從台灣撥打方式：002 95 943068299

▲由台灣手機撥電話至緬甸

從緬甸打回台灣
國際冠碼+台灣國碼+區域號碼+電話號碼

撥打方法	國際冠碼+	國碼+	區域號碼+	電話號碼
打到台灣市話	00	886	去0	市話號碼
打到台灣手機	00	886	去0	手機號碼

舉例說明
1. 台灣市話 (02) 12345678，從緬甸撥打方式：00 886 2 12345678
2. 台灣手機0987654321，從緬甸撥打方式：00 886 987654321

▶由緬甸撥電話回台灣手機，需將手機前最前方的0去掉

公用電話／網路電話

在過去，緬甸公共電話多為透過人工撥打的小型電話攤，本地電話每分鐘收費約100緬元，而國際電話則大多需要透過飯店撥打。不過隨著手機普及，此類電話攤已幾乎絕跡，若有撥打電話的需求，建議直接購買SIM卡，或是使用Skype、Line等線上通訊軟體。

▲許多通訊軟體可以免費通話，可以多加利用

手機預付卡

包括仰光機場、通訊行與路邊攤位都販售有預付SIM卡與加值卡，購買後只要插入手機並完成設定，即可撥打電話和使用網路，相當方便。目前SIM卡的價格約為1,500緬元，加值卡則包含1,000、3,000、5,000和10,000緬元等面額。

需注意的是，機場櫃檯多以純網路方案為主，僅能上網與接聽電話，若需撥打電話需另外加值，或向工作人員說明後選擇其他方案。當地電信商有國營的MPT、來自卡達的Ooredoo和挪威的Telenor 。

緬甸電信商這裡查

MPT
http mpt.com.mm/en
Ooredoo
http www.ooredoo.com.mm
Telenor
http www.telenor.com.mm/en

▲仰光機場大廳就有各大電信的櫃檯，購買後服務人員會直接協助安裝

購買當地SIM卡最便利。

緬甸主要城市的網路服務已相當普及，但若有前往小型村鎮或非旅遊城市的計畫，最好還是做好網速緩慢、甚至找不到網路的心理準備。

Wi-Fi

緬甸旅遊區內多數旅館都已配備有無線網路，可向櫃檯索取密碼後使用，而配備Wi-Fi的咖啡館、餐廳和購物商場雖與日俱增，但在仰光以外的地方仍稱不上普及，網速也不是太可靠，若有使用需求，最好先確認後再進店消費。此外一些重要佛塔、寺廟與VIP夜間巴士上，偶爾也能找到無線網路服務。

▲ 多數旅館都提供Wi-Fi，只需向櫃檯索取密碼就能免費使用

手機預付卡

在緬甸旅遊時間較長或對網路需求較高者，直接購買當地SIM卡最為方便。一般而言，比起按流量計費，直接購買包月的上網方案更划算。

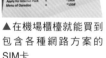

▲ 在機場櫃檯就能買到包含各種網路方案的SIM卡

台灣電信公司雖提供有緬甸漫遊服務，但多為單純計量型，價格偏高，使用上須額外小心。若未更換成當地預付卡，建議先調整手機設定，關閉漫遊服務，需要時再打開，以免產生不必要的費用。

預付SIM卡購買與安裝步驟

1 Step 購買SIM卡

先選擇心儀方案或儲值金額，接著出示護照與簽證即可購買。

2 Step 取出SIM卡並安裝

預付卡多為SIM、Micro Sim和Nano多種大小合一的卡片，確認手機適用規格後拆出SIM卡裝入手機卡槽。

3 Step 完成加值與設定

按照包裝指示撥打代碼，完成加值與方案設定。雖三大電信多提供有英文語音，但仍建議直接請店員協助設定，並當場試用，以免發生問題。

4 Step 用量與餘額查詢

按指示撥打代碼即可隨時查詢餘額與用量。

▶ 只要撥打指定號碼就能立刻查到餘額與用量

通訊篇

郵寄

郵局數量不多，遇見請把握。

緬甸郵局營業時間約為週一～五9:30～16:30，郵寄平信或明信片回台約需7～10天。惟當地郵局數量不多且大多沒有明顯招牌，最好向旅館詢問確切位置後再前往，此外部分紀念品店、雜貨店或旅行社亦有販售郵票。若真的買不到郵票，也可以商請旅館櫃檯代寄。

國際快遞公司如DHL等在緬甸並不發達，使用機會不高。

信件種類與郵資

從緬甸寄送明信片與20g內平信回台郵資為1,000緬元，小型包裹3,400緬元起，航空包裹1公斤24,480緬元、2公斤35,360緬元。如有重要信件寄送，建議選擇需收件人簽名的快捷信(EMS，Express Mail Service)或者掛號信件(Registered Mail)，其中EMS 500克31,280緬元、1公斤34,000緬元，信件掛號費則為1,500緬元／件。更多費率可至郵政網站查詢。

🌐 www.myanmarepost.com/pricing

行家密技 明信片哪裡買

在緬甸要購買明信片並不難，包括景區周圍攤販、書店、仰光中央郵局等地都有販售，單張價格約在300～500緬幣之間。另外風景區有許多小孩會兜售一組10張的明信片組，小張的1,000緬元／組、大張的2,000～3,000緬元／組，價格便宜、狀況良好，是不錯的購買地點。

緬甸文指指點點 通訊篇

တယ်လီဖုန်း 電話	ဖုန်းနံပတ် 電話號碼
ဆင်းကဒ် SIM卡	ဝိုင်ဖိုင် 無線網路
ဖုန်းငွေဖြည့်ခြင်း 加值	စကားဝှက်ကို 密碼	အင်တာနက်ကဖေး 網咖

應變篇
Emergencies

在緬甸發生緊急狀況怎麼辦？

緬甸基本上是個安全的國度，旅遊糾紛也較少，但再安全的國家仍無法杜絕意外的發生。提前掌握可能的危險、緊急狀況與應對方式，才能有備而無患。

旅行緬甸安全叮嚀

人民大多純樸善良，但仍需留心身旁人事物，確保旅遊安全。

緬甸治安概況

緬甸人大多樸實而善良，偷竊、搶劫或重大刑案在當地極為少見。政府與少數民族或叛軍間的武裝衝突，則大多發生於邊境的旅遊管制區域內，若非特別安排，一般旅客鮮少涉足，不必過度擔憂。

總體而言，只要對環境稍加留心，不要前往非許可區，在緬甸旅遊鮮少遇到真正的危險。

▲篤信佛教的緬甸人相當善良，當地治安普遍良好

▲考量邊境仍存有種族、叛軍問題，緬甸目前有不少旅遊管制區域，若欲前往需事先申請許可

人身安全基本概念

緊急電話與旅館資訊不離身

為方便求助，建議隨身攜帶緊急聯絡電話(見書末救命小紙條)與旅館聯絡資訊。遇緊急狀況可優先打給當地警消與醫療機構，並請旅館協助協調溝通。如遇對方消極處置或有語言隔閡，也可撥打駐外代表處電話請求幫忙。若不幸迷路，記得善用旅館資訊求助或直接搭乘計程車返回旅館。

▲為方便求助，抵達旅館後最好拿取名片並隨身攜帶

重要物品不離身

緬甸罕有偷竊、搶劫事件，但乘坐夜車時最好還是將貴重物品放於身側或腳下，避免直接塞於頭頂置物櫃或大行李中。

▶乘坐夜車時，盡量避免將重要物品放置於頭頂置物櫃

▲緬甸人信仰極為虔誠，參觀廟宇時務必留意相關禁忌

▲緬甸車流眾多而混亂，過馬路時一定要看清左右再走

留心宗教與政治禁忌

　　緬甸是個虔誠的佛教國度，在參觀廟宇時最好留心相關禁忌，例如要記得脫鞋、穿著合宜服飾、不要擺出對佛像不敬的姿勢、對信眾或僧侶拍照時最好徵得同意等。

　　此外緬甸雖已開放，但當地人仍沒有公開談論政治的習慣，若非對方主動提及最好避免貿然詢問，也不要妄加評斷。尊重、包容當地的文化習俗不僅是禮貌，也能替你避開不必要的衝突與麻煩。

小心混亂的交通與道路

　　緬甸道路鮮少設立斑馬線與行人紅綠燈，大量機車與汽車橫行於道路之上，交通相當混亂，過馬路時一定要看清左右來車，小心慢行。租用腳踏車與機車時也要眼觀四方，耐心行駛。毋須在乎此起彼落的喇叭聲，這只是緬甸人的習慣，若有需要他們會自行超車。

　　此外緬甸的道路狀況不佳，路上常會突然出現落差或坑洞，走路時記得留心步伐。

女性旅行者多加留意自身安全

　　單身女性在緬甸鮮少遇上騷擾與麻煩，但出外旅遊還是小心為上，盡量避免深夜在外逗留、與陌生男子單獨出遊等具有風險的行為。參觀廟宇時也須留意相關規定，不要誤闖女性止步的區域。

▲僅有男性信徒可觸碰大金石並張貼金箔，女性若欲貼金，需委由他人代理

包車、參團常見糾紛

　　旅遊騙術或陷阱在緬甸並不盛行，但不可否認，漫天要價的掮客與商人正隨著觀光發展而與日俱增，若想避免不必要的開銷或麻煩，在規畫包車或參加Local Tour時最好留心以下細節。

1. 事先掌握物價，可上網參考網友分享，也可直接向旅館櫃檯諮詢。
2. 上車或報名前談定價格，確認計算單位是人頭還是整部車。
3. 事前確認行程內容，包含出發時間、停留景點、返回時間、是否包含餐食等，能夠白紙黑字寫清楚最好。
4. 在仰光、曼德勒等城市，可善用Grab等手機叫車App叫車。

發生緊急狀況怎麼辦

發生緊急狀況時不要太過緊張，冷靜下來搜尋解決辦法。

重要物品遺失怎麼辦？

若不幸遺失護照、信用卡、現金等重要物品，記得保持冷靜，並按以下步驟處理將損失降到最低。倘若出發前有購買旅遊不便險，也要記得向警察報案取得報案證明，以利後續申請賠償。

▲若發生緊急狀況，記得參考保險單位提供之理賠條件，預先於緬甸當地向相應單位申請文件

護照遺失

首先須向當地警察報案，取得報失證明，接著聯繫仰光「駐緬甸台北經濟文化辦事處」，按需求選擇補發入國證明書(約需2～3天)或申請補發護照(約需1～2週)。

貼心 小提醒

出國前請事先備份旅遊文件

無論是入台證明書或補發護照，皆需提供身分證明文件，出發時記得攜帶護照影本與2張2吋照片，並將相關證件拍照後上傳雲端保存。

▲護照影本與2吋照片記得與護照正本分開保存

信用卡或金融卡遺失

出發前記下發卡銀行聯絡電話，若發現遺失立即打電話回台掛失，避免後續遭到盜刷。

▲信用卡背面皆寫有銀行服務電話，出發前最好拍照或寫於紙上保存

現金遺失

打包時務必將現金分批存放，降低風險。倘若身上現金全數遺失，手邊也沒有可以跨國提款的金融卡，可以請親友善用西聯匯款(Western Union)服務救急。

西聯匯款在台灣很普遍，親友只需前往服務

據點填寫申請表、支付費用並設定密碼，數小時後，你便可至緬甸當地服務處，憑身分證件與匯款時設定之密碼提領現金。

西聯匯款資訊這裡查

🌐 www.westernunion.tw
📞 台灣服務電話 02-8723-1040

▲ 緬甸的西聯匯款服務據點

行李延遲或遺失怎麼辦？

若抵達機場後苦等不到行李，可於行李轉盤附近找尋「失物招領處(Lost&Found)」櫃檯填寫行李遺失單據，留下基本資料，等候航空公司將行李免費寄送至飯店。

一般而言，只要行李延遲6小時以上，便能申請理賠支付生活必需品之開銷，惟具體規定仍須參考航空公司、信用卡公司或自行投保之保險公司的相關規章。

▲ 若遇行李延遲或遺失，記得前往「失物招領處」填寫單據

生病或發生意外怎麼辦？

緬甸衛生狀況較差、氣候炎熱、又多有蚊蟲，經常會導致身體輕微不適，而當地醫療服務又不若台灣發達，建議出發前便按個人需求備齊感冒藥、止瀉藥、止痛藥、防蚊液等基本藥品。

若必須在緬甸買藥，症狀輕微者可先前往藥局購買成藥。當地藥局頗為普遍，且大多不需要處方箋，只需告知藥劑師症狀或藥品名稱即可購買。

狀況嚴重必須前往醫院就診者，建議選擇品質較有保障的私人醫院，且若非逼不得已，盡量避免在緬甸進行手術或精密檢測。當地醫院採預約制，除非遭遇緊急情況，否則需事先預約才可看診。

救護車請撥打：192。

▲ 當地藥局極為常見，不必擔心找不到

內急怎麼辦？

緬甸商場、寺院、景點、休息站多設有蹲廁為主的免費廁所，要找到廁所不算難，清潔度也還算可以，只是最好自備面紙。若臨時內急，也可以向附近的旅館或餐廳商借廁所，友善的緬甸人大多不會拒絕。

▲除了旅館外，緬甸鮮少見到坐式馬桶

可以向誰求助？

問路、找藥局等簡單問題，可就近向路人求救；遇上緊急狀況、被竊等問題，則建議尋求警察幫助並填寫報案單，以利後續申請賠償；倘若不確定怎麼處置，或是溝通有隔閡，也可以撥電話商請旅館人員幫忙。此外我國在仰光亦設有代表處，如遇車禍、搶劫或危急生命安全之緊急情況，可撥打24小時緊急電話請駐外人員協助處理。

駐緬甸代表處／駐緬甸台北文化經濟辦事處

Taipei Economic and Cultural Office in Myanmar

http www.roc-taiwan.org/mm

✉ No.97/101A Dhammazedi Road, Kamayut Township, Yangon, Myanmar

☎ +95-1-527249 / 領務服務專線：+95-996-049-5506

24小時緊急電話：+95-925-725-7575

🕐 週一～五8:30～12:30，13:30～17:30

▲若遇重大問題，可撥打駐緬甸台北經濟文化辦事處緊急電話求助

▲若有問題可以向遊客服務中心詢問

▲若遇問題，精通英文的旅館櫃檯是相當好的求助對象

緬甸文
指指點點
應變篇

應變篇

ဆေးရုံ	ဆေးပေးခန်း
醫院	藥局

ခေါင်းကိုက်ခြင်း	ကိုက်အခဲပျောက်ဆေး	အင်တီဘားရောတစ်
頭痛	止痛藥	抗生素

ဝမ်းပျက်ခြင်း	အစာအိမ် ဝေဒနာ	ဖျားနေတယ်
腹瀉	胃痛	發燒

အအေးမိ	အော့အန်	ချောင်းဆိုး
感冒	嘔吐	咳嗽

ဆရာဝန်	ဖေါင်းပွသော	ရှေ့ဦးသူနာပြုကား
醫生	腫大	救護車

စာရွက်စာတန်း	သွားဆရာဝန်	ရဲ
身分證件	牙醫	警察

ရပ်။	ပိုက်ဆံ	ကယ်ပါ။
住手！	錢	救命！

အိမ်သာသွားချင်ပြီ	ကအကူအညီတစ်ခုပေးနိုင်မလား
我想上廁所	能幫助我嗎？

ကျွန်ုပ်လမ်းပျောက်သွားသည်	ဆေးဆိုင်အနီးဆုံးဘယ်မှာလဲ
我迷路了	最近的藥房在哪裡？

ဆရာဝန်ခေါ်ပေးပါ	ကျွန်တော်နေမကောင်းဘူး
請叫醫生	我生病了

ဒီမှာနာတယ်။	ရဲကိုခေါ်ပါ
這裡疼	請叫警察

ငါ့ပိုက်ဆံအိတ်ပျောက်သွားလို့ပါ	ငါ့ပိုက်ဆံအိတ်အခိုးခံရလို့ပါ
我的錢包不見了	我的包包被偷了

ငါ ဘာသာပြန်လိုချင်တယ်	အိမ်သာဘယ်မှာရှိပါသလဲ
我需要翻譯	請問洗手間在哪裡

救 命 小 紙 條

你可將表格影印，以中英文分別填寫，並隨身攜帶。

個人緊急連絡卡
Personal Emergency Contact Information

姓名 Name

年齡 Age

血型 Blood Type

宿疾 Chronical Physical Problems

過敏藥物 Allergies

護照號碼 Passport No.

信用卡號碼

台灣、海外掛失電話

台灣、海外航空公司電話

緊急連絡人 (1)Emergency Contact(1)

連絡電話 Tel

緊急連絡人 (2)Emergency Contact(2)

連絡電話 Tel

台灣地址 Home Address

投宿旅館

旅館電話

備註

緬甸旅遊緊急聯絡電話一覽表
駐緬甸代表處 24 小時緊急電話 +95-925-725-7575
報警 199　醫療急救／救護車 192
消防局 191

這次購買的書名是：

開始在緬甸自助旅行 最新版 (So Easy 310)

＊01 姓名：_____ 性別：□男 □女 生日：民國_____年

＊02 手機(或市話)：_____

＊03 E-Mail：_____

＊04 地址：☐☐☐☐☐ _____

＊05 你選購這本書的原因

　　1._____ 2._____ 3._____

06 你是否已經帶著本書去旅行了？請分享你的使用心得。

_____

_____

_____

_____

_____

很高興你選擇了太雅出版品，將資料填妥寄回或傳真，就能收到：1.最新的太雅出版情報／2.太雅講座消息／3.晨星網路書店旅遊類電子報。

填問卷，抽好書 (限台灣本島)

凡填妥問卷(星號＊者必填)寄回、或完成「線上讀者情報上傳表單」的讀者，將能收到最新出版的電子報訊息，並有機會獲得太雅的精選套書！每單數月抽出10名幸運讀者，得獎名單將於該月10號公布於太雅部落格與太雅愛看書粉絲團。

參加活動需寄回函正本(恕傳真無效)。活動時間為即日起～2019/06/30

以下3組贈書隨機挑選1組

放眼設計系列2本
(隨機)

手工藝教學系列2本
(隨機)

黑色喜劇小說2本

太雅出版部落格
taiya.morningstar.com.tw

太雅愛看書粉絲團
www.facebook.com/taiyafans

旅遊書王(太雅旅遊全書目)
goo.gl/m4B3Sy

線上讀者情報上傳表單
goo.gl/kLMn6g

填表日期：_____年_____月_____日

(請沿此虛線壓摺)

廣　告　回　信
台灣北區郵政管理局登記證
北 台 字 第 1 2 8 9 6 號
免　貼　郵　票

太雅出版社　編輯部收

台北郵政53-1291號信箱
電話：(02)2882-0755
傳真：(02)2882-1500
(若用傳真回覆，請先放大影印再傳真，謝謝！)

(請沿此虛線壓摺)

太雅

太雅部落格 http://taiya.morningstar.com.tw

有 行 動 力 的 旅 行 ， 從 太 雅 出 版 社 開 始

(請沿此虛線裁剪)